REDEN AN ÖSTERREICH

»Schluß jetzt!«

Printed in Austria by Welsermühl, Wels
ISBN 3-7017-0524-0

Reden an Österreich

SCHRIFTSTELLER ERGREIFEN DAS WORT

Herausgegeben von
Jochen Jung

Residenz Verlag

Wir Österreicher lieben unsere Geschichte — solange sie uns nicht an unsere Vergangenheit erinnert.

ORF Schulfunk
am 1. Februar 1988

VORBEMERKUNGEN

1

Fraglos, in diesem Land, in Österreich, kann man leben. Kaum einer, der es verläßt, nicht weil er woanders besser, sondern weil er hier nicht mehr leben zu können glaubt. Geschweige denn, leben zu dürfen.
Das ist viel. Ist es genug?

2

Das Jahr 1938 und die für Österreich mit ihm verbundenen Tatsachen sind — ungeachtet aller vielleicht nie ganz zu klärenden Widersprüche und Gedächtnislücken — im wesentlichen so eindeutig erkennbar und also zu beurteilen, daß es kaum sinnvoll scheint, noch einmal (noch x-mal) zu wiederholen, was alle wissen: Daß nämlich in jenem Jahr, an jenem Tag Österreich seinen Wiedereintritt in die Weltgeschichte anmeldete, aus der es sich zwanzig Jahre zuvor verabschiedet hatte, was ihm denn auch gelang — wenngleich ganz anders als erwartet. Das Land öffnete sich dem Hitler-Faschismus und verwirkte damit auf lange Zeit seine Zukunft. Was später als Vergewaltigung dargestellt wurde, war in Wirklichkeit allzu oft geiles Mittun-Wollen, nach kurzem austrofaschistischem Vorspiel war offensichtlich das Versprechen eines tausendjährigen Orgasmus bereits nicht mehr als Perversion erkennbar. Die Ledermänner traten auf, und mit ihnen fielen die ersten Opfer — nein, sie fielen eben nicht, sie wurden gefällt. Aber nicht alle waren Opfer, unter den Toten waren auch Täter, und unter den heute Lebenden gibt es sie eben *auch: immer noch* und vor allem *wieder.*

Und eben deswegen muß erinnert werden an die Denunziationen und das Abschlachten und an den Widerstand und die Liebe.

3

Wie fast immer, so ist auch in diesem Fall die Vorgeschichte ungleich länger als die Nachgeschichte. Wissen wollen, wie es zum Nationalsozialismus, seinen »Erfolgen« und seinen Folgen gekommen ist, kann daher nur heißen, diese Vorgeschichte möglichst genau zu studieren. Ganz gleich aber, wie weit man damit kommt und wie tief das Verständnis für jene Zeit reicht — diese Art der Logifizierung kann nicht an der Frage nach dem vorbeiführen, was wir Moral nennen und Schuld.
Und damit nicht genug: Es muß danach gefragt werden dürfen, was die Schuld der Väter für die Söhne und Enkel bedeutet, ob die Schuld der Deutschen und der Österreicher nicht etwas anderes war (ist) als die der übrigen kriegführenden Völker (über das Quantitative hinaus), und vielleicht sogar, ob Unschuld für diese Völker überhaupt noch möglich ist.

4

Muß man das alles vielleicht ganz anders angehen, sportlicher sozusagen, postmoderner? Marlon Brando als Hitler oder umgekehrt, der Krieg als Beerdigungsspektakel des bürgerlichen Zeitalters und ansonsten ein paar Zahlen für das Buch der Rekorde?
Oder wäre es nicht besser, wenn allmählich dem einen oder anderen dämmerte, daß unsere offensichtlich nicht einmal durch Katastrophen belehrbare Art, mit der Natur

(und also mit uns) umzugehen, dazu geführt hat, daß wir der nächsten Generation die Welt in einem Zustand hinterlassen, den man — entsprechend der dahinter stehenden Haltung — irreparabel versaut nennen muß, jawohl. Daß das, was man der Natur antut, der Geschichte auch angetan wurde und daß auch da Verdrängen und Vergessen nicht hilft, ebensowenig wie der Hinweis, daß man schon aus Alters-(Jugend-)gründen nicht zu den Schweinen zu zählen sei.
Also muß etwas getan werden. Das Obszöne ist bekanntlich nicht mit Schamröte allein aus der Welt zu schaffen.

5

Der Schatten der Vergangenheit — die Schwierigkeit liegt ja darin, daß alles so oft schon gesagt worden ist. So oft gesagt, so oft gehört, so oft verdrängt, so oft vergessen. Die nächste Schwierigkeit ist, daß es ja nicht um Vorwürfe geht — auch wenn man sie denen, die es trifft, nicht ersparen sollte —, vielmehr um Entwürfe für eine weniger »Heil!«-volle, heillose Zeit — wem aber fallen noch glaubhafte Lebensmuster ein?
Und schwierig schließlich auch der alle Publikationen dieser Art begleitende Zweifel an ihrer Wirksamkeit: Wer liest so etwas und wer ließe sich davon zu anderem Denken bewegen? Solche Skepsis widerspricht jedoch nicht jenem prinzipiellen Willen zur Wahrheit, der ja nach wie vor in Österreich seinen Ausdruck sucht und das gerade auch bei den österreichischen Schriftstellern.
Ist das genug? Es ist viel.

Jochen Jung

REINHOLD BRANDL

Anwesende!

Ich bin ein Nazi, ein Faschist, ein Rassist.
Ich bin ein Opportunist, ein Jasager und kleinkariert.
Ich nicke mit dem Kopf, wo ich ihn schütteln, und höre weg, wo ich genau hinhören sollte.
Ich sehe nach links, wenn auf dem Gehsteig rechts vor mir ein Bettler sitzt.
Ich habe ungezählte Vorurteile und gehe bei Rot über die Kreuzung, wenn ich kein Kind in der Nähe glaube.
In nehme hin, daß slowenische von österreichischen Schulkindern getrennt werden, als ob erstere eine ansteckende Krankheit hätten.
In beschimpfe Feministinnen, wenn sie die Gleichberechtigung der Frau verlangen.
Ich stimme Juristen zu, die härtere Strafen für Fußball-Rowdies fordern.
Ich lache in der Runde mit, wenn ein Vergewaltigungswitz erzählt wird und jemand ungeniert das Gesäß der Kellnerin berührt.
Ich schreibe Beschwerdebriefe, wenn mir die Galle übergeht, und rufe in der Abonnementabteilung an, wenn meine Zeitung einen Tag lang ausbleibt.
Ich rege mich auf, wenn der bestellte Kaffee kalt, das Datum der gekauften Milch abgelaufen, der Aufzug außer Betrieb ist.
Moderne Musik ist mir verhaßt, Walkman-Träger verachte, Opern erdulde ich.
Ich unterschreibe stets mit meinem akademischen Grad, sehe gezielt fern, putze zweimal täglich meine Zähne.
Fremde WC-Türen öffne ich mit einem Papiertaschentuch in der Hand, auf der Straße ausgeteilte Zettel werfe ich

ungelesen in den nächsten Abfallbehälter oder, wenn keiner in der Nähe ist, unter ein parkendes Auto.
Ich bezahle meine Steuern pünktlich, meine Miete regelmäßig, meine Konzertkarten schimpfend.
Wenn mir jemand die Hand zum Gruß reicht, drücke ich, ihm gerade in die Augen blickend, fest zu.
Zu Amtsterminen erscheine ich rechtzeitig, um nicht nachteilige Folgen herauszufordern, vor Gericht mit Krawatte, bei festlichen Veranstaltungen parfümiert.
Meine Uhr geht wie die anderer, die Frequenz meiner Herzschläge liegt im landesüblichen Durchschnitt.

Anwesende!
Sie fragen sich, mich, ob dies eine öffentliche Selbstanklage werden soll. Warten Sie ab.
Seien Sie geduldig, die Sie nicht geduldig sein wollen.
Lassen Sie sich gefallen, was nicht gefällig ist.
Sehen Sie hin, wo Sie sonst nur allzu gern blind sind.
Beanstanden Sie nachher, die Sie es sonst voreilig tun.
Beurteilen Sie das Ganze, die Sie sonst Ausschnitte beurteilen.
Sitzen Sie aufrecht, die Sie sonst die Schultern hängen lassen.
Zeigen Sie Rückgrat, sofern Sie noch eines besitzen.
Denken Sie mit, wenn Sie mitzudenken noch in der Lage sind.
Lassen Sie sich, die Sie sich sonst bereitwillig von äußerem Schein verführen lassen, diesmal nicht verführen.

Sie sind gekommen, um Antworten zu hören. Ich frage Sie: Haben Sie Antworten?
Sie sind gekommen, um meine Meinung zu hören. Ich frage Sie: Haben Sie eine eigene Meinung?
Sie sind gekommen, um neue Gedanken zu hören. Ich frage Sie: Sind Sie bloß gierig auf Neues?

Sie sind gekommen, um unterhalten zu werden. Ich frage Sie: Welchen Beitrag wollen Sie leisten?
Sie sind gekommen, um eine Rede an Österreich zu hören. Ich frage Sie: Sind Sie Österreich?

Sie erwarten sich Angebote? Erwarten Sie sich Forderungen.
Sie erwarten sich Bestärkung? Erwarten Sie sich Verunsicherung.
Sie erwarten sich Zustimmung? Erwarten Sie sich Ablehnung.
Sie erwarten sich Beruhigung? Erwarten Sie sich Aufregung.

Anwesende!
Sie werden unruhig? Ich auch.
Sie fühlen sich betrogen? Ich auch.
Sie ahnen Schlimmes? Ich auch.
Sie befürchten, Sie werden hintergangen? Ich auch.
Sie meinen, es muß endlich begonnen werden? Ich auch.
Sie glauben, Sie sollten gehen? Ich nicht.

Seien Sie keine kleinen Kinder, denen die Eltern verboten haben, von einem Fremden etwas anzunehmen. Nehmen Sie nicht auch sonst an, was Fremde Ihnen anbieten?
Halten Sie fest, was Sie zugesteckt bekommen. Halten Sie nicht auch sonst fest, was man Ihnen zusteckt?
Greifen Sie nach dem, was Sie nichts kostet. Greifen Sie nicht auch sonst nach dem, was Sie nichts kostet?
Aber seien Sie vorsichtig: Es ist an der Zeit, es ist wieder an der Zeit, ein Geschenk zu öffnen, ehe man es annimmt. Lehnen Sie es ab, wenn es Ihnen keinen Nutzen bringen kann. Weisen Sie es zurück, wenn es aus Berechnung gegeben wird. Schlagen Sie es aus, wenn es Ihnen gestohlen erscheint.

Sie sagen, Sie seien am falschen Platz? Bedenken Sie: Sie sind diesem Platz nicht zugewiesen worden.
Sie sagen, jetzt sei nicht die richtige Zeit? Bedenken Sie: Viele lebten in der falschen Zeit.
Sie sagen, Sie würden, wenn Sie bezahlt hätten, Ihr Geld zurückverlangen? Bedenken Sie: Viele mußten bezahlen und konnten nichts zurückverlangen.
Sie sagen, jetzt sei es zu spät, um noch woanders hingehen zu können? Bedenken Sie: Für viele war es zu spät, um noch woanders hingehen zu können.
Sie sagen, ich solle aufhören mit dem Gerede? Bedenken Sie: Viele sagten aufhören, und es war nicht bloß Gerede.
Sie sagen, es sei genug der Worte? Bedenken Sie: Viele sagten es und begannen zu handeln.

Meine Stimme gefällt Ihnen nicht? Ich wünschte, die Stimmen vieler gefielen Ihnen nicht.
Meine Sätze klingen hohl für Sie? Ich wünschte, die Sätze vieler klängen hohl für Sie.
Meine Aussagen bereiten Ihnen Unbehagen? Ich wünschte, die Aussagen vieler bereiteten Ihnen Unbehagen.
Meine Rede erinnert Sie an Vergangenes? Ich wünschte, die Reden vieler erinnerten Sie an Vergangenes.

Anwesende!
Ich bin ein Nazi, ein Faschist, ein Rassist. Ich bin ein Opportunist, ein Jasager und kleinkariert.
Sie glauben mir nicht? Glauben Sie auch jenen nicht, die von sich sagen, sie seien aufrechte Demokraten, praktizierende Katholiken, liberal?
Sie beurteilen mich nicht nur nach meinen Worten? Beurteilen Sie auch andere nicht nur nach ihren Worten?
Sie mißtrauen mir, obwohl ich offen meine Meinung sage? Mißtrauen Sie auch jenen, die ihre Absichten hinter verführerischen Phrasen verstecken?

Sie verlangen, daß ich endlich zur Sache kommen möge? Verlangen Sie auch von jenen, die Sie mit Versprechungen locken, daß sie endlich zur Sache kommen mögen?
Sie kamen, um eine Rede an Österreich zu hören. Ich fragte Sie, ob Sie Österreich seien.
Ich wiederhole meine Frage: Sind Sie Österreich?
Sie blicken mich verständnislos an?
Ich sage Ihnen:

Sie sind Nazis, Faschisten, Rassisten.
Sie sind Opportunisten, Jasager und kleinkariert.
Sie wollen vergessen, obwohl Sie nicht so enden wollen.
Sie stellen Wechsel aus, die Sie nicht einlösen werden müssen.
Sie sind Mitläufer, weil es mühsam ist, es nicht zu sein.
Ihre Hunde sind Ihnen heiliger als Ihre Kinder.
Sie versuchen, wenn in der Straßenbahn ein Jugoslawe sich neben Sie setzt, einer Berührung auszuweichen.
Sie verhindern behindertengerechte Gehsteige, Unterführungen, Eingänge, weil Ihnen leid ist um das Geld.
Sie drehen das Radio lauter, wenn Ihr Nachbar seine Frau schlägt.
Sie gehen einmal im Monat ins Theater, jedoch nur, wenn man Klassiker spielt.
Sie gehen sonntags zur Messe und beschweren sich nachher über die zu lange Predigt.
Sie tragen gebügelte Hemden, saubere Schuhe, modische Brillen.
Sie waschen sich vor den Mahlzeiten die Hände, weil es sich so gehört.

Ich sage Ihnen: Sie sind Österreich.
Dies ist eine öffentliche Anklage.
Ich klage Sie an.

Meine Rede ist gerichtet an Sie.
Aber nicht in erster Linie.
Lassen Sie mich deshalb noch einmal von vorn beginnen.

Nicht-Anwesende!
Auch Sie nicken mit dem Kopf, wo Sie ihn schütteln, und hören weg, wo Sie genau hinhören sollten.
Auch Sie sehen nach links, wenn auf dem Gehsteig rechts vor Ihnen ein Bettler sitzt.
Auch Ihnen sind Ihre Hunde heiliger als Ihre Kinder.
Auch Sie regen sich auf, wenn der bestellte Kaffee kalt, das Datum der gekauften Milch abgelaufen, der Aufzug außer Betrieb ist.
Auch Sie gehen sonntags zur Messe und beschweren sich nachher über die zu lange Predigt.
Auch Sie bezahlen Ihre Steuern pünktlich, Ihre Miete regelmäßig, Ihre Konzertkarten schimpfend.
Auch Sie waschen sich vor den Mahlzeiten die Hände, weil es sich so gehört.

Nicht-Anwesende!
Ich sage Ihnen: Sie sind Nazis, Faschisten, Rassisten.
Sie sind Opportunisten, Jasager und kleinkariert.
Sie waren nicht geduldig, denn Sie sind nie geduldig.
Sie hörten nicht zu, denn Sie hören nie zu.
Sie zeigten kein Rückgrat, denn Sie besitzen keines.
Sie sind nicht gekommen, um eine Rede an Österreich zu hören, obwohl Sie Österreich sind.
Gerade deswegen sind Sie Österreich.
Sie bedenken nicht, was es zu bedenken gilt.
Sie beurteilen nur nach Worten.
Sie verdunkeln und verschleiern.
Sie werden nicht unruhig, denn Sie stiften Unruhe.
Sie fühlen sich nicht betrogen, denn Sie betrügen.
Sie gehen nicht, denn Sie sind erst gar nicht gekommen.

Nicht-Anwesende!
Sie sind Österreich. Sie sind es auch.
Ich habe mich öffentlich selbst angeklagt.
Ich klage Sie öffentlich an, weil Sie es nicht selbst tun wollen.
Meine Rede richtet sich an Sie.
Es soll nicht heißen, daß ich übersah, was nicht zu übersehen war.
Es soll nicht heißen, daß ich verschwieg, was ich wußte.
Es soll aber auch nicht heißen, daß ich Sie anklagte und Ihnen keine Möglichkeit gab, sich zu verteidigen.
Ich fordere Sie auf, aus dem Dunkel des Schweigens herauszutreten.
Ich fordere Sie auf, sich offen zu erklären.
Ich fordere Sie auf, öffentlich Rede zu stehen.

Anwesende!
Sie sind noch nicht gegangen.
Sie warteten ab.
Sie haben ausgehalten.
Sie waren geduldig, die Sie nicht geduldig sein wollen.
Sie hörten mir zu, die Sie nicht zuhören wollen.
Sie ließen sich gefallen, was nicht gefällig ist.
Sie dachten mit, weil Sie mitzudenken noch in der Lage sind.
Sie zeigten Rückgrat, weil Sie noch eines besitzen.
Sie ließen sich, die Sie sich sonst bereitwillig von äußerem Schein verführen lassen, dieses eine Mal nicht verführen.
Vielleicht weil Sie sich angesprochen fühlen.
Vielleicht weil auch Sie sich öffentlich selbst anklagen wollen.
Wir sind Nazis, Faschisten, Rassisten.
Wir sind Opportunisten, Jasager und kleinkariert.
Es ist notwendig, daß wir es wissen.

Es ist notwendig, daß wir es offen aussprechen.
Es ist notwendig, daß wir öffentlich dagegen ankämpfen.
Lebens-notwendig.
Für unser Leben.
Für das Leben, das durch uns entsteht.
Nehmen wir nichts in Kauf, nur weil es nichts kostet.
Öffnen wir die Geschenke, ehe wir sie annehmen.
Erwarten wir nicht, unterhalten zu werden.
Erwarten wir nicht Antworten, wenn wir keine Fragen stellen.
Schütteln wir den Kopf, wo es ihn zu schütteln gilt.
Hören wir nicht weg, wo wir genau hinhören sollen.
Lassen wir uns unsere Plätze nicht zuschreiben.
Handeln wir, ehe es andere für uns tun.
Graben wir aus, was verschüttet wurde.
Halten wir frei, was verschüttet zu werden droht.
Erwarten wir nicht, daß andere unsere Arbeit tun. Eine Arbeit, die kein Vergnügen ist. Sie wird es nie sein.
Unsere Gegenwart wird unsere Geschichte sein.
Die Vergeßlichkeit, die in der Vergangenheit System wurde, bedroht auch unsere Zukunft.
Lesen wir nicht in die Vergangenheit hinein, was uns angenehm ist.
Lesen wir nicht aus der Gegenwart heraus, was gefällig und billig ist.
Es würde uns so teuer zu stehen kommen wie die versuchte Auslöschung eines Teiles unserer Geschichte.

Anwesende!
Sie sind mit bestimmten Erwartungen hierher gekommen.
Ich bin mit bestimmten Voraussetzungen hierher gekommen.
Ich gehöre einer Generation an, die viel über vieles weiß, aber nichts erlebt hat.

Ich war nicht dabei.
Sie haben vielleicht vieles erlebt.
Sie waren vielleicht dabei.
Unser Blick ist in die Vergangenheit gerichtet.
Das ist gut so, wenn er nichts aussparen, sich vor nichts verschließen will.
Wir wollen die Wahrheit. Das ist gut so, wenn wir die ganze Wahrheit, wenn wir nichts verschweigen wollen.
Ob wir die Vergangenheit haben, die wir verdienen, steht meiner Generation zu urteilen nicht an.
Es ist vielleicht Ihre Vergangenheit, die Ihre Gegenwart war.
Urteilen wir nicht vorher oder nachher, urteilen wir jetzt.
Über uns vor den anderen.

Ich war nicht dabei.
Sie waren vielleicht nicht dabei.
Auch die Nicht-Anwesenden waren vielleicht nicht dabei.
Aber wir und sie sind heute dabei.
Wir und sie sind, jetzt und hier, Österreich.

ERWIN EINZINGER

Märzenbecher

Schneidiges Land!
Mein vor mehr als zwei Jahrzehnten verstorbener Onkel Heinrich war Postmeister in Mautern bei Krems gewesen, Beamter also, wie es mein Vater war (Finanzamt) und auch ich geworden bin (Schule). Onkel Heinrich war klein, verwachsen, hatte einen Buckel, war aber so wie auch mein Vater für mich immer der Inbegriff der aufrechten Pflichterfüllung, einer Einstellung, die im Begriff sei auszusterben, wie meine Mutter scherzhaft öfters sagte, wenn sie manche Ansichten von uns Söhnen mit denen unseres Vaters verglich.
Als Kind, dessen späterer Firmpate also ein Postmeister war, sammelte ich natürlich — wie jetzt unser Sohn — voller Eifer Briefmarken, und zu den ältesten Exemplaren meiner rasch anwachsenden Sammlung gehörten die Drei-, Fünf- und Sechs-Heller-Marken aus dem Jahr 1918.
Nachdem ich mich nun etwa zwei Jahrzehnte lang nicht mehr mit Briefmarken beschäftigt hatte, blätterte ich unlängst im neuen Markenkatalog unseres Sohnes, den dieser von meinem älteren Bruder als Geschenk bekommen hat. In diesem Katalog sind die fortlaufenden farbigen Abbildungen von österreichischen Briefmarken vom Jahr 1938 an unterbrochen. Als Erklärung dazu steht kleingedruckt: »Österreich wurde am 13. 3. 1938 in das Deutsche Reich eingegliedert. Die kursierenden Marken von Österreich — ausgenommen die mit dem Bildnis Dr. Engelbert Dollfuß' — konnten bis zu den angegebenen Gültigkeitstagen in der Ostmark weiterverwendet werden. Vom 4. 4. 1938 an waren in der Ostmark die Hinden-

burg-Marken gültig, Umrechnungskurs 1 Reichsmark gleich 1.50 Schilling.«
Emsiges Land!
Für Sammler österreichischer Briefmarken entstand nun eine Pause von sieben Jahren. Im Mai des Jahres 1945 wurden dann zunächst die vorhandenen Hitler-Marken weiterverwendet, wobei der Aufdruck »Deutsches Reich« (wie später in den sechziger Jahren die Geschlechtszonen auf den Filmbildern in den Ausstellungskästen der Sexkinos) mit einem schwarzen Balken überdeckt wurde und Hitlers Kopf mit dem Aufdruck »Österreich« durchgestrichen war.
Sauberes Land!
Die ersten neuen Briefmarken der Republik Österreich im Herbst 1945 zeigten als Motive ein Posthorn (in der amerikanischen, britischen und französischen Besatzungszone) und einen Adler mit Hammer und Sichel (in der sowjetischen Besatzungszone). Und die ersten gemeinsamen Ausgaben für ganz Österreich erschienen Ende November 1945 und brachten Landschaftsmotive, die in Abständen (als Serien) auch später immer wieder deine Briefmarken zieren sollten.
Putziges Land!
Aus dem Jahr 1948 besaß ich eine braune 40-Groschen-Marke zum achtzigsten Todestag Adalbert Stifters (im Markenkatalog steht neben dessen Namen in Klammern »Dichter«) und mehrere der bekannten »Wiederaufbau«-Marken; aus dem Jahr meiner Geburt, 1953, eine stimmungsvolle Weihnachtsmarke mit einem Mädchen vor einem Christbaum. 1958, im März, erschien eine 4-Schilling-Marke zur Erinnerung an die Eröffnungsflüge der AUA und am 8. Mai eine Muttertagsmarke, die zeigt, wie eine Mutter mit tapferem Haarknoten am Hinterkopf den zärtlich entgegengestreckten Kopf ihres Kindes in die Handschale legt. Die dargestellte Mutter wird wie wohl alle

damaligen Mütter in ihrer Jugend und dann als junge Frau allerhand mitgemacht haben, das Kind, das seinen Kopf in ihre Hände legt, mag etwa so alt sein wie ich damals.
Kunstreiches Land!
Es zeigt sich schon, man könnte also allein an den kleinen Bildern auf den Briefmarken eine geschichtliche Entwicklung verfolgen, wenn einem danach wäre, aber mir ist nicht danach. Dennoch eine kleine Rede halten? Obwohl man weiß: Reden ist lügen, und lügen heißt mitarbeiten? Sich ein bisserl erinnern, jetzt erst recht?
Erinnerungen sind Verbindungen von Proteinen und Säuren in Nervenzellen. Sie sind ganze Teilchen oder Verbindungen von Teilchen, die nicht leicht auszulöschen sind. Und trotzdem: Man vergißt vieles so schnell in diesem Land ...
Bitte sehr: Die Sonne brüllt also den Asphalt an. Glitzerndes Wasser — es ist ein österreichisches Wasserl, um das es hier geht — steht an den Rändern des verdreckten Asphalts. Ein Reifen fetzt durch, Goodyear, ein gutes Jahr, mit Gelächter in den Buschwindröschen. Und der Abendstern lockt. Na also!
Land der Habergeiß und der zierlichen Astlöcher! Jawohl, du bist gemeint, mit dir rede ich! Kannst du vielleicht auch auf den Händen gehen, rückwärts, mit verbundenen Augen?
Sportliches Land!
Für den Großteil der Bevölkerung, las ich vor kurzem und nickte in Gedanken sofort, erschöpft sich nämlich die Identifikation und Auseinandersetzung mit Österreich im Interesse, das für die Erfolge oder Mißerfolge heimischer Sportler aufgebracht wird. Auch etwas!
Und als ich vor einem Jahr in Triest in einem von Auslandsösterreichern betriebenen kulturellen Zirkel, so nennt man das, zu einer Lesung eingeladen war, machte mir die ältere Dame, die mir in Vertretung des erkrankten Ver-

einsvorstands vor Beginn der Veranstaltung eine Tasse Tee anbot, ziemlich schnell klar, was sie von den lebenden österreichischen Schriftstellern halte. Sie berichtete sofort von »irgendeinem Grazer«, der hier nur Schweinereien vorgelesen habe, dann wechselte sie das Thema und ging dazu über, G. Roths in bundesdeutschen Zeitungen abgedruckte Versuche, sich mit seinem Heimatland auseinanderzusetzen, buchstäblich in der Luft zu zerfetzen. Ich sah ihr amüsiert dabei zu, sie trug schwarze Netzstrümpfe, sprach gepflegtes wienerisches Hochdeutsch und wollte jetzt wissen, wie sie wohl mich diesbezüglich einzuordnen habe. Daß sie schon nach nur fünf Minuten ihre Meinung über G. Roth z. B. änderte, ärgerte mich mehr, als es mich freute, denn es zeigte wieder, welch armselige Konstruktion aus Unsicherheit und Verteidigungshaltung die Vorurteile gegenüber all denen bestimmt, die es wagen, das Heimatland zu kritisieren.

Geschätztes Land!

In meiner Kindheit, erinnere ich mich, kam auch das Wort Nazi noch hin und wieder in Unterhaltungen der Eltern vor, und ich hatte keine Vorstellung dazu, wenn es hieß, der oder die sei ebenfalls ein Nazi gewesen etc. Eine Kasperlpuppe aus Stoffresten, die ich Naz (Kurzform von Ignaz) genannt hatte, wurde in meinen Gedanken dann liebevoll zum Nazi, der Verkleinerungsform. Der heilige Ignaz aber, erfuhr ich erst sehr viel später, ließ sich von wilden Tieren zerreißen ...

Tapferes Land!

Ich habe meinem Vater gegenüber in Gesprächen über die Zeit vor und nach 1938 nie die Position eingenommen, als erwarte ich von ihm eine Art Rechtfertigung, erwartete das auch tatsächlich nie, und meist waren diese Gespräche mehr oder weniger ausgedehnte Erzählungen über das Leben damals, unterbrochen von meinen Fragen hin und wieder. Da mein Vater aus Krems stammt und auch

1938 noch dort lebte, erzählte er mir über diese Zeit vor allem während der Fahrten in seine ehemalige Heimat. Das längste diesbezügliche Gespräch aber ergab sich vor drei Jahren in der Wohnung seiner in Wien lebenden und um mehr als zehn Jahre älteren Schwester, die im Vorjahr verstorben ist; sie war damals schon sehr zerstreut, wiederholte sich oft, konnte aber zusammen mit meinem Vater die fünfzig Jahre zurückliegende Zeit in ganz klaren Erinnerungsbildern beschreiben. Sie versuchte mir vor allem die unglaubliche Not klarzumachen, die die Kindheit meines Vaters bestimmt hat. Als mehr als zehn Jahre ältere Schwester hatte sie gegenüber dem kleinen Bruder vor allem auch Sorgegefühle, und sie erzählte, wie oft sie alle buchstäblich tagelang hungern mußten und wie später der hochbegabte Bruder nach einer mit Auszeichnung bestandenen Matura dennoch keine Chance auf Arbeit und Verdienstmöglichkeit in der im Untergrund schon seit langem braunen Stadt erhielt und wie man ihm erklärte, daß sich dies alles sofort ändern würde, wenn er der Partei beiträte. Ich erlaube mir, hier abzubrechen, nur um noch anzufügen, daß mir mein Vater auf der letzten Heimfahrt vom Grab seines Bruders und seiner Eltern erzählte, wie die ganze Familie am Tag von Hitlers vielbejubeltem Einmarsch in der Küche gesessen und geweint habe über die Nachricht.

Seltsames Land!

Und wie wohl tat es mir, die alte Tante beim letzten Besuch in ihrer Wohnung dann in all den Erzählungen Adolf Hitler wiederholt als das »Gfries« bezeichnen zu hören! Das Wort hat für mich etwa den Klang, den das Schimpfwort »Rotzbub« in meiner Kindheit hatte. Und die sogenannten Mächtigen, auch die (meinetwegen vielleicht sogar tatsächlich) »ehrenwerten« Leute in den sogenannten Schlüsselpositionen unserer Gesellschaft als Rotzbuben zu bezeichnen, war mir bisweilen ein (möglicherweise

kindisches) Vergnügen, für das ich gerade auch heute, fünfzig Jahre nach der Zeit, als der Rotzbub, der Diktator wurde, in diesem Land alles seinen Plänen entsprechend vorfand, einiges Verständnis habe.
Zackiges Land!
Die größte Tragödie für die Menschen, meinte mein Vater einmal resignierend, sehe er darin, daß jede Generation ihre Fehler selbst machen müsse, es genüge nicht, daß jemand aus einer schmerzlichen Erfahrung lerne und das dann an die Nachfolgenden weitergebe, denn die seien letztlich nicht bereit, dies anzunehmen, bevor sie nicht selbst ihre eigenen Fehler gemacht haben.
Mindestens so schlimm ist es aber auch, einsehen zu müssen, daß gerade hierzulande die Bereitschaft, sich Fehler und Irrtümer überhaupt einzugestehen, in so vielen Fällen gar nicht vorhanden ist.
Mulmiges Land!
Ich weiß, daß ich Gefahr laufe, ein in letzter Zeit ohnehin schon fast überstrapaziertes Klischee zu bemühen, aber es gelingt mir bisweilen nicht, an diesen Staat zu denken, ohne damit die vielen Politiker zu verbinden, egal ob gerade am Ruder oder in verbissener Opposition, in denen ich oft nichts anderes zu sehen vermag als den ausgekochten Opportunisten und Miesling, der sich in Szene zu setzen sucht und dumm und feige reagiert, wenn er in die Enge getrieben wird. Die aufgeblasenen Nichtssager, die ich fast täglich ihre Blödigkeiten über den Rundfunk verbreiten hören kann — ich will ihnen hier nicht auch noch einen extralangen Atemzug widmen.
Bockiges Land!
Verdrängung, Selbstlüge und in die seltsamsten Bahnen umgelenkte Aggressionen bestimmen nach Meinung nicht weniger Leute, die sich eingehend damit beschäftigt haben, die Persönlichkeitsstruktur großer Teile der hiesigen Bevölkerung.

Einer der wenigen, von denen ich ebenfalls weiß, daß sie zum Beispiel ihre ehemalige Naziparteimitgliedschaft ohne Ausreden zugeben, ist ein Landarzt dieser Gegend, der klarmacht, daß er damals (er hatte gerade das Studium beendet und keine Chance auf einen Arbeitsplatz), als man ihm erklärte, daß er nur der Partei beitreten müsse, wenn er eine Arbeitsmöglichkeit haben wolle, das auch ohne Zögern getan habe, was man ihm heute vielleicht vorwerfen mag.

Bildschönes Land!

Eine Arbeitskollegin erzählte mir vor kurzem, wie sehr sie gegenüber allem, was mit 1938 und den Folgen zusammenhänge, ganz einfach Überdruß empfinde und sich übersättigt fühle von einem Thema, das bitte irgendwann einmal als beendet anzusehen erlaubt sein müsse, noch dazu, wenn man selbst damit gar nichts zu tun gehabt habe, weil man erst zwei Jahrzehnte danach auf die Welt gekommen sei.

Und als ich vor einigen Jahren bei einem Klassentreffen einen Großteil der ehemaligen Mitschüler aus der Hauptschulzeit wiedersah, hörte ich von einem von ihnen sehr bald auch den Satz, von dem ich immer geglaubt hatte, daß man ihn schlimmstenfalls von den sogenannten Ewiggestrigen noch zu hören bekommen könnte: Ein ganz kleiner Hitler müßte her, ein ganz kleiner nur ... (und er zeigte mit Daumen und Zeigefinger, wie groß der bloß sein müßte, wenn er nur etwas von Hitler an sich hätte ...), und das meinte der ehemalige Klassenkamerad ganz ernst, während er sich weiter ereiferte. Er, von dem ich als Dreizehnjähriger einen kleinen Elektromotor für mein aus Balsaholz gebasteltes Schiffsmodell gekauft hatte, wollte mir jetzt, da wir erwachsen waren, offensichtlich seine Ansichten über den Untergang von Ordnung, Zucht und Pflichtbewußtsein verkaufen, wahrscheinlich vor allem auch deshalb, weil ich einer der beiden aus unserer Hauptschulklasse bin, die Lehrer geworden sind.

Schmieriges Land!

Freilich mag man einwenden, daß derlei Dinge nicht repräsentativ seien und daher ein verzerrtes Bild geben, das sei doch klar. Genauso klar aber ist jedenfalls auch, daß es bei uns letztlich einfach noch keine besonders lange demokratische Tradition gibt, und schon in den jüngsten Phasen der Politikverdrossenheit zeigt sich nicht nur eine allgemein konservativ bestimmte »Wende«, sondern auch der hier recht verbreitete Wunsch nach einer personalen Autorität, wie sie die vordemokratischen Zeiten in unserer Geschichte jeweils lieferten, verstärkt sich im diffusen Unterbewußtsein der Bevölkerung.

Oder so: Der österreichische Beamte, demokratisch erst seit 1918, hierarchisch-autoritär aber fast seit Menschengedenken, ... nein, ich erlaube mir, an diesem Gedanken einmal ganz einfach vorbeizuschlendern.

Abgefeimtes Land!

Mit einer der seltsamsten Lügen im Zusammenhang mit dem ominösen Jahr 1938 freilich wurde ich unlängst konfrontiert, als ich nichtsahnend einen kleinen Gauner, der an der Autobahnauffahrt Salzburg Mitte stand, mit dem Wagen Richtung Oberösterreich mitnahm. Der vielleicht gut Sechzigjährige, verschwitzt und mit einer Krücke, gab an, seit zwei Stunden auf eine Mitfahrgelegenheit zu warten, er sei ein aus Südmähren gebürtiger Volksdeutscher, der 1938 nach der Annexion ans Deutsche Reich aus dem Protektorat Mähren als Konstrukteur zu Messerschmitt gekommen sei, als Flugzeugtechniker in der Deutschen Wehrmacht gearbeitet habe, 1943 an die russische Front bei Sewastopol und 1944 (er gab ein genaues Datum an) in russische Kriegsgefangenschaft gekommen sei.

Nach zehn Jahren Gefangenschaft habe man ihn in der sowjetischen Rüstungsindustrie eingesetzt, er habe bei der

Entwicklung einer neuen MIG-Jagdflugzeugserie mitgearbeitet und weiterhin keine Gelegenheit bekommen, in seine Heimat zurückzukehren. Als »Geheimnisträger« (er selbst verwendete immer wieder dieses Wort) sei er in der UdSSR — obwohl ansonsten in jeder Weise privilegiert — sogar in seiner Freizeit immer von Sicherheitsbeamten überwacht worden und habe auch keinen Briefkontakt in den Westen aufnehmen dürfen. 1982 habe man ihn in der DDR in einem Rüstungsbetrieb eingesetzt, wo er Berichte darüber abzuliefern hatte, ob es in der Teilfertigung für einen älteren sowjetischen MIG-Jäger-Typ entweder zu Mißwirtschaft oder aber zu Sabotageakten gekommen sei.
Nach fünf Jahren in der DDR im Auftrag der sowjetischen Rüstungsfirma habe ihm eine Untergrundorganisation, über die er aus verständlichen Gründen nichts Näheres sagen wolle, einen falschen Paß und ein Visum nach Österreich besorgt. Hier sei er gestern angekommen, um seine Eltern zu suchen, die er seit 1943 nicht gesehen habe und die ihn für im Krieg gefallen halten mußten. Da er keine Geschwister habe, aber Verwandte in Gastein, sei er ohne Geld und per Autostopp noch gestern nach Gastein gefahren, nur um dort am Gemeindeamt zu erfahren, daß die Verwandten ins Marchfeld gezogen seien, und nun wolle er versuchen, noch heute zumindest bis Wien zu kommen und morgen von den Verwandten zu erfahren, wo die Eltern wohnen, die 86 bzw. 87 Jahre alt sein müßten und noch am Leben seien, da sie in einem Register des Verbandes der südmährischen Volksdeutschen in Österreich nicht als gestorben aufschienen.
Obwohl die Geschichte, die er stockend und immer nur auf meine Fragen hin weitererzählte, reichlich unwahrscheinlich klang, glaubte ich dem Mann, der immer wieder einnickte und auf meine Frage, ob er Russisch spreche, sofort auf Russisch antwortete. Mein Angebot, ihn

noch weiter bis ins Marchfeld zu bringen, da ihn jetzt in der Dunkelheit kaum noch Autofahrer mitnehmen würden, schlug er sofort aus, er wolle lieber irgendwo im Freien übernachten, falls er heute nicht mehr so weit komme. Da er, wie er zwischendurch erzählt hatte, den ganzen Tag außer einer Schale Milch und einer Semmel noch nichts zu sich genommen hatte, fühlte ich mich verpflichtet, ihm zumindest Geld zu geben, damit er wenigstens noch etwas essen könnte und von Wien aus per Bahn zu seinen Verwandten ins Marchfeld fahren könne. Er nahm sofort an und war dann daran interessiert, schon bei der nächsten Autobahnausfahrt (wo ich ohnehin abfahren mußte), abgesetzt zu werden.

Dumpfes Land!

Ich war natürlich auch noch so blöd, ihm meine Adresse zu geben und ihn zu bitten, mir doch eine Karte zu schikken, um mir mitzuteilen, ob er seine Eltern habe finden können oder nicht. Selbstverständlich, meinte er, und dann hatte er es eilig, aus dem Wagen zu kommen und sich zu verabschieden. Nicht einmal bei der Tankstelle wollte er aussteigen, sondern direkt an der Kreuzung der Bundesstraße, und erst später (aber nicht erst, nachdem ich natürlich keine Post von ihm bekommen hatte) wurde mir klar, daß der Kerl an den Autobahnstationen und Tankstellen wahrscheinlich bereits bekannt sein mußte als ein übler Schwindler, der mit seiner unglaublichen, zusammengebauten Geschichte offensichtlich Leute so um den Finger zu wickeln bzw. zu verblüffen verstand, daß er sich damit sein Geld zu verdienen suchte, als Reisender auf der unter Adolf Hitler erbauten Autobahn.

Als ich einige Tage danach am Attersee dem Hans, der gerade die Netze fürs Fischen vorbereitete und in große Plastikbottiche legte, davon erzählte, meinte er, ich sollte mich nicht so sehr über meine Dummheit ärgern, sondern eher den Mann bewundern, der mit Hilfe des Erzählens

einer Geschichte die Leute zu umgarnen und damit zu Geld zu kommen versuche, was letztlich vom Geschäft des Schriftstellers vielleicht gar nicht allzu weit entfernt sei.
Ich aber ärgerte mich trotzdem, weil ich vor allem auch das Gefühl hatte, mich auf meine Menschenkenntnis überhaupt nicht verlassen zu können. Wenn ich mit all meiner Skepsis nicht imstande war, den gewitzten Gauner zu durchschauen, wie konnte ich mich dann jemals wundern über Leute, die sich sogenannten politischen Schwindlern gegenüber so leichtgläubig gezeigt hatten?
Schroffes Land!
Als ich etwa so alt war wie meine Eltern zu der Zeit, da die Begeisterung für den Nationalsozialismus ausbrach, fuhr ich oft mehrmals im Jahr zu großen Rockkonzerten, nahm allerlei Anstrengungen auf mich, war fast einen Tag per Autostopp unterwegs, um zu einem Auftritt der Who zu kommen, jubelte in England, München und Wien mit einem Massenpublikum den Rolling Stones zu, war begeistert von zwei Konzerten von Frank Zappa, erlebte bei zahlreichen anderen vergleichbaren Veranstaltungen Phänomene der Massenbegeisterung für Rockidole und las wenige Jahre danach die beiden Bände über Masse und Macht von Elias Canetti. David Bowie nannte indessen Adolf Hitler den größten Popstar — soll, wer will, schon hier Parallelen sehen.
Stilles Land!
Warum aber reiße ich dann eigentlich die Goschn auf, was habe denn ich dir bitte zu sagen? Und wie komme ich dazu, mir einzubilden, daß du mir überhaupt zuhören würdest! Auch du, verschwommenes Land, bist nämlich selbstverständlich längst ein Fernsehland, und was die Bevölkerung von 1988 zu 1938 zu sagen haben könnte, sieht sie sich bestenfalls im Fernsehen an, die Gleichschaltung von Emotionen funktioniert in deinen abgelegene-

ren Gebirgstälern ebenso wie in den Städten. Dein Durchschnittsbürger (einen Gruß auch an ihn!) sitzt, heißt es, täglich etwa drei volle Stunden vor dem Apparat, eine Zeit, die beispielsweise ich über Wochen hinweg in Anspruch nahm, um mich ein bißchen zu erinnern und mir diese Rede hier auszudenken, die ich übrigens viel lieber umfunktionieren würde in eine empörte kleine Dichtung, in der dann meinetwegen so nebenbei auch die Ö-Stricherl sauber herauskommen und richtige Kronen werden, Kronen für den österreichischen Missionssonntag oder das österreichische dickhäutige Bewußtsein von sich selbst.
»Die normale Reaktion einer Jugend, der es mit der Schuld der Vergangenheit ernst ist, wäre Empörung. Und Empörung wäre zweifellos mit gewissen Risiken verbunden — nicht gerade eine Gefahr für Leib und Leben, doch entschieden ein Handicap für die Karriere.« So formulierte es einmal, las ich vor kurzem, Hannah Arendt. Gemessen an diesem Anspruch — und ich nehme ihn ernst — muß ich auch für die Rede hier, die trotz (oder wegen) all der bemühten oder beiläufigen Erinnerungs- und Eindruckssplitter (nur) Literatur ist, zugeben: Meine Empörung — sofern es sich überhaupt um eine solche zumindest zu handeln scheint — kann gar keine wirkliche sein, denn selbst wenn ich einzelne Gruppen, Zustände, bestimmte Geisteshaltungen und Mechanismen der Lüge und Verlogenheit etc. in Erinnerung zu rufen versuche, ich gehe erfahrungsgemäß keinerlei wirkliches Risiko ein, sondern bewege mich im Simulationsraum der Literatur, und Literatur ist gern eine Kunst, und die Kunst steht unter Naturschutz wie unsere teilweise oder vollständig geschützten Alpenpflanzen, auch wenn sie frei ist wie ein Heuschreck und ähnlich unberechenbar …
Schmales Land!
Die schöneren Momente, solche der ruhigen Übereinstimmung mit Dir und mit mir selbst, erlebe ich tatsächlich

nicht selten in den abgelegensten der hiesigen Gegenden. Wenn ich den Waldweg und die Forststraße — auf der ich im Verlauf eines Winters vielleicht zwanzig-, dreißigmal unterwegs bin und dann höchstens ein-, zweimal Menschen treffe — zum Steyrdurchbruch hinübergehe. Oder im Effertsbachtal, wo ich vor ein paar Jahren auch mit Hermann einmal gewesen bin, weil er die Kindheitslandschaft der Marlen Haushofer sehen wollte, und dann stießen wir auf einer Lichtung weit oben auf ein verschlossenes Jagdhaus, vor dem ein rätselhafter, mit Vogelflaum bedeckter und seltsam durchlöcherter Pappendeckel lag, auf dem ich mir ein paar Notizen machte, die dich, *besorgtes Land,* jetzt wirklich nichts angehen …

Sagenumwobenes Land!

Zum Schluß möchte ich noch einmal in die Gegenwart zurückkehren. Ich habe diese Woche mit der Eva beim Hofer ein paar Märzenbecherzwiebeln gekauft. Die kommen in die Erde, am Teichrand, von wo man vielleicht bald auch schon die Karpfen beobachten können wird, wie sie langsam und unbeirrt reden unter Wasser, wo niemand ihnen zuhört. Was sie sagen?

Darüber lieber vielleicht ein andermal, *seliges Land.*

HELMUT EISENDLE

Rede an einen namenlosen Bürger

Wenn etwas notwendig ist, wird es auch wirklich sein, wenn etwas wirklich ist, wird es auch möglich sein, wenn etwas unmöglich ist, ist es auch unwirklich, wenn etwas unwirklich ist, ist es auch nicht notwendig.

Die Notwendigkeit des Denkens besitzt — wenn es öffentlich oder über die Medien erzeugt wird — nur einen zufälligen Wert für notwendige Erkenntnisse.
Wie ein Kirschbaum nur nützlich ist, weil wir die Früchte essen können, scheinen die politischen Reden über die Medien, über die ständig versucht wird, uns Recht und Ordnung mitzuteilen, nur nützlich und notwendig zu sein, weil wir gezwungen sind, sie zu konsumieren.
Losgelöst vom Alltag verbirgt sich hinter jeder dieser Äußerungen der Befehl, etwas, irgend etwas, so und nur so und nicht anders zu sehen und dafür eine Stimme für eine an der Staatsmacht interessierte Partei abzugeben. Es geht dabei um Normen und Regulative, die jenseits ihrer Inhalte von unsereinem nichts anderes als Gehorsam verlangen und fordern, einen Gehorsam bezüglich eines gewünschten Wahlverhaltens. Parteien, einstmals Interessensgemeinschaften, vertreten nichts mehr, sondern fordern folgsame Reaktionen einer konditionierten Lobby.
Die schwindende Mehrheit gehorcht tatsächlich stumm und widerstandslos, weil sie die Mitteilungen für Wahrheiten hält, ohne den Wahrheitsgehalt prüfen zu wollen und auch zu können. Und wählen aus einer zufälligen Willkür den, der am lautesten spricht, am öftesten und den, der sympathisch ist oder den Jungen oder den bösen Buben.

Eine Mehrheit ist, so gesehen, aus Bequemlichkeit tolerant und eben normal. Sie gehorcht.
Entspricht man dieser imperativen Ideologie nicht, wird der infiltrierte Glanz von Recht und Ordnung, die Rechtsstaatlichkeit zu einem Elend. Nur die verschwiegenen Normen der Partei und die Sprache der Parteien, im gleichen Maße das gehorsame Denken, eben die Sprechweise des Parteistaates ermöglichen den erträumten Gehorsam der Bürger, ohne Partei zu ergreifen. Die Sprache der Abweichung, der Künstler, der Irren, der Kriminellen zeigt das Unerwünschte, zeigt das auf, dem das Recht nicht helfen will und nicht helfen kann. Mächtige Parteien bestimmen das Recht in ihrem Sinne.
Das Abnorme wird so vom Staat selbst zum Tode verurteilt, und die Existenzangst eines Parteistaates äußert sich so als Intoleranz.
Das Abnorme wird isoliert oder im besten Falle verdrängt und erzeugt in den aus welchen Gründen immer Abweichenden das Gefühl eines Ordnungselends, eine bürokratische und institutionelle Belastung, die schnell und überzeugt an der Parteidemokratie zweifeln läßt.
Es sind normative Prinzipien, denen wir zu gehorchen haben. Man kann sich auf sie verlassen wie auf die Jahreszeiten; ein eisiger Frühling, ein verregneter Sommer, ein heißer Herbst, ein warmer Winter sind die uns ins Gehirn geblasenen Normen. Oder: Gesetze und Gesetzgeber sind für unsereinen nur so lange von Bedeutung, solange wir an sie glauben. Wenn man aber genauer hinsieht, muß man feststellen, daß nicht die Gesetze, sondern willkürliche Normen von Parteifunktionären unser Leben bestimmen.
Normal sein, sagen die Funktionäre, heißt, sich einer Unauffälligkeit zu beugen. Das Abnorme ist im Schlechten und im Guten eine Bedrohung.
Hinter der Sprache der Norm, der Sprechweise und dem Sprachgebrauch jener Normdirigenten, die uns beunru-

higt zu beruhigen versuchen, lauert ein abnormer Magnetismus von Gefühlen, Obsessionen, Nöten und Sorgen.
Durch Sätze mit monumentalem Spielraum und elendem Informationsgehalt verschwinden alle abweichenden Empfindungen. Scheinordnungen werden aufgebaut, mit denen die Sprecher das Elend der normativen Parteistaatlichkeit übertünchen. Nur das niemanden Betreffende ist normal und richtig.
Dem normalen Menschenverstand widerstrebt es aber, zu glauben, daß hinter jeder parteilichen Äußerung ein politischer Sachverhalt steht.
Der normative Marktwert politischer Reden hat den Zenit kraft einer Flut verwirrender und verwirrtester Worte und Versprechungen überschritten. Der Himmel ist noch immer weit oben. Was aber ist die Erklärung für diesen seltsamen Zustand?
Die Erklärung für diese epidemische Krankheit, die, im Sinne von Franco Basaglia, eine abweichende Mehrheit erzeugt hat, verweist auf die Sprache und ihre Funktion. Oder: Die Ausrede verhält sich zur Aussprache wie die Ästhetik zur Ethik.
Die Funktionäre, welcher Couleur immer, wirklichkeitsferne Sprachakrobaten, haben eine den Inhalt auflösende Diskussionsästhetik entwickelt.
Ein Beispiel:

> ... kein hält uns auf denn wir wissen seit in welcher wir zuhause sind. wir sind vertraut mit ihr wir erfahren sie täglich. gerade aus dieser zwischen und der geforderten die den in unerreichbare führt entwickelte sich in den ein eine. die am. neben der von die uns über die mitgeteilt werden ist ein weiterer typisch für die letzten. die der individuellen zum allgemeinen. wenn in noch die des aus zeigte ist im bereits die der gegner. diese setzt sich fort. kein ende ist abzusehen.

heute wird uns die der täglich vorgehalten. durch diese viel entstand eine welche nicht mehr sondern dem der den vorzug gibt.
das verhältnis dieser ist äußerst. mag sich dieses alles auch als eine gebärden liegt hinter ihm doch den jeder gedankenlos als und erfährt. diese unmöglichen und unerwünschten entwickeln sich bei und zu einem den als bezeichnet die mit hat aber auch immer innerhalb der eine lange geschichte. nach und anderen ist die mit dem eine feine neurotische art neben der in der art des ist die in ihren die auch hier kreuzweise.

Der Zweifel, die Skepsis, welche die Mehrheit entwickelt hat, ist die Folge einer ästhetischen Verwirrung. Die Konsequenz daraus heißt Abweichung.

Alle Abweichung definiert sich in einer Glaubensarmut. Warum sind und waren all die Analytiker, die die Welt doch überblicken und überblickten, nicht imstande und nicht bereit, die Ursache dieser Epidemie zu sehen? Die Erklärung ist einfach: Sie, auch sie, die Analytiker waren und sind, nicht die Seher, die Wissenden, die Heiler und Ärzte, sie, die Analytiker, sind selbst die Kranken, welche die Normen mitaufgestellt haben.

Die Zahl jener, die an der Richtigkeit von Parteinormen zweifeln, wird immer größer; eine abweichende Mehrheit. Wenn die Notwendigkeit des Glaubens im Zweifel steht, gehen die Ordnungen verloren. Schon die Kirche hat den Zweifel an Dogmen zur Sünde gemacht.

Ordnungen sind Verordnungen, Befehle, Zwänge, Nötigungen, Erpressungen, sich unauffällig und den Normen entsprechend zu verhalten. Was aber die Norm und das Richtige ist, wird verschwiegen.

Die behauptete Geradlinigkeit parteipolitischer Beteuerungen, die uns vom Volk gewählte Vertreter vermitteln, sind jede Skepsis wert, ja, auch wenn sie sich als wahr

und wahrhaftig herausstellen sollten, denn die Mehrzahl aller Äußerungen parteilicher Natur leidet an einer linearen Lügenhaftigkeit.
Der Parteistaat behauptet, daß das Volk die Besten zu seinen Vertretern wählt; sind die Vertreter des Volkes aber Lügner, sollten sie sich ein neues Volk wählen. Daß hinter den von uns gewählten Vertretern karriereorientierte, machtbesessene Parteiapparate stehen, ist zwar eine der Erklärungen, entschuldigt aber nichts.
Die Hoffnungen eines Volkes, einer Nation, liegen nicht mehr in behaupteten linearen Entwicklungen, sondern in Zufällen, Unfällen, Einfällen, Abweichungen, welche die aufgestellten Normen betreffen.
Der Mythos 1968, jene Zeit, in der meine Generation, die heute Fünfzigjährigen, ihr politisches Denken und Handeln, ihre Hoffnungen begraben mußte, hat eine lineare, doch aber nie vorausgesagte Entwicklung zu den Wirtschaftsoligopolen des westlichen und östlichen Kapitals gefunden. Selbst Parteien haben dabei eine untergeordnete Bedeutung. Arrangement mit den Wirtschaftsmächtigen ist ihre letzte Hoffnung.
Eine neue Psychiatrie, die mit den Namen Basaglia, Laing, Cooper verbunden ist, war der zweite Mythos dieser Jahre.
Nach wie vor sind der Parteistaat und die Psychiatrie eine juridische, machtorientierte, nicht aber eine soziale oder an Individualität interessierte Institution.
Der Staat und seine parteilichen Exekutivorganisationen stellen noch immer, ohne Aussicht auf wenige Änderungen, eine Registratur von Maßnahmen und Imperativen her, die gegen das Abnorme, gegen jede Art von Abweichung von seiten der Macht eingesetzt werden.
Basaglia beispielsweise versuchte der Macht in der Psychiatrie ein Ende zu bereiten. Ihm gelang es zumindest, etwas an die Öffentlichkeit zu bringen.

Seine Behauptung, daß die Abweichung eine Konsequenz der Gesellschaft ist, läuft zwar im Insider-Kreis ihre Runden, hat aber bei der Mehrheit und vor allem bei den Funktionären nichts bewirkt. Die Politiker denken an die Macht und das Arrangement mit den Riesen. Die Mehrheit der Bürger weicht von ihnen ab, ohne zu wissen warum. Die Bundesrepublik Deutschland beispielsweise entwickelt sich seit 1968 konsequent und klar zum Führerstaat. Diesmal ist es ein Staat. Europa, von Istanbul bis Lissabon, gehorcht.

Mit seiner prothetischen Ideologie gelingt Deutschland diesmal der Endsieg. Die anderen Staaten, manchmal noch Nachbarn genannt, gliedern sich gehorsam als Prothesen in den deutschen Körper ein. Geschickt nennt man diesen Vorgang Europäische Wirtschaftsgemeinschaft. Hunderttausende, Türken, Italiener, Jugoslawen, Portugiesen, Spanier, fremde Arbeiter aus aller Herren Länder verrichten flink und erpreßt die Drecksarbeit und werden dafür verachtet.

Der Terrorismus ist das Extrem einer deutschen Abweichung.

Der deprimierende Irrtum des Terrorismus besteht darin, daß er die Brutalität der unter Zwängen leidenden Menschen nicht sieht, daß er das Bedürfnis totalitärer Zwänge leugnet, daß er die Notwendigkeit der Macht zu paralysieren glaubt, wenn er die logische Grundlage und Legalität von Herrschaft theoretisch erschüttert hat.

Leider funktioniert vieles über die Parteien, da und dort, oben und unten, hüben und drüben, in Ost und West.

Die westliche Welt, die pipe-lines, die Ölkrise, die Selbstbedienungskaufhöfe, die Indikatoren unserer verwirrten Welt sind und bleiben Bedingungen der zivilisatorischen Norm. Der Maschinenkult, die Computerwelt, Rationalisierung und Supermarkt, die Werbung, welche künstliche Bedürfnisse erzeugt und gegen Geld befriedigt, alles schafft eine abweichende Mehrheit. Die Familien der Monopoliten, die sich in unglaublichen Profiten verlieren, wissen das und schweigen darüber. Die vom Volk gewählten Vertreter, Politiker genannt, sind Doppelagenten und schweben im luftleeren Raum, in dem sie sich wohl fühlen.

Die Karriere und das Dasein der parteipolitischen Normgeneräle beweist die Effizienz des normativen Denkens. Mehr nicht.

Die Normisten usurpierten beim Verfall ihrer Ideologien und Ideen einfach Führerrechte und ersetzten die gestorbenen Ideale durch irrationale Feindbilder.

Der Betrug besteht darin, daß sie Hoffnungen als Gewißheiten auf dem Rücken von Parteifeinden verkaufen. Daneben erzeugen sie über die ihnen dienenden Medien end- und übergültige Wirklichkeitsbilder, die mit dem Leben der Mehrheit nichts zu tun haben.

Mit Hilfe einer durchtriebenen Technologie und einer geschickten Informationsauswahl verführen sie den domestizierten Staatsbürger zum Aberglauben, sie, die Politiker, könnten Gesellschaften, die Wirtschaft nach Belieben bilden, konstruieren. Zwar bezeichnen sie ihr Vorgehen als Politik, doch aber verheimlichen sie bewußt, daß sie profitäre Fiktionen zum privaten und parteilichen Gebrauch erzeugen.

Das Wesen ihres Doppelagententums ist ein Schwanken zwischen privatem Gewinn und wirtschaftlicher Abhängigkeit.

Das Volk, die schweigende Mehrheit steht als Zuschauer da und wundert sich.

Eine Art von Parteipolitik hat damit bankrott gemacht.

Auch wenn die Politiker ihre zu engen Spezialitäten geschrumpften Parolen zu weltweiten Prinzipien hochstilisieren, ihr Alptraum des Endes ist nicht mehr zu ändern, denn der Zweifel ist da. Epidemisch breitet sich Skepsis

über der Bevölkerung aus und bildet, zumindest im Denken, eine abweichende Mehrheit.
Heute, nachdem ihre Sprüche in Zweifel gekommen sind, ernten sie nur mehr ein Lächeln und sind das Grundmuster beiläufiger Witze. Ihre Märchen berühren keine Wirklichkeit. Die Possen der Bosse sind kraftlos und alt. Die Konsequenz, die schon heimlich gehandelt wird, heißt: Wahlverweigerung. Übrig bleibt ihnen eine parteigebundene Minderheit.
Die moderne Politik ist endlich an ihrer erstellten Norm verendet. Wohl war sie zu primitiv, das Leben des einzelnen ist zu subtil, das Volk zu intelligent. Die Eigenart seines Denkens, Sprechens, Lachens, Überlebens, das Repertoire der Abweichungen zeigen die Cleverness der abweichenden Mehrheit und das Elend der arrangierten Parteiregierungen.
Die Macht der abweichenden Mehrheit ist das Lachen und die Skepsis. In diesen Punkten ist sie nicht mehr tolerant.
Staaten und Parteien als Repräsentanten von Macht, welche immer, waren nie tolerant, sie sind unbeweglich, starr und blind, wenn sie aber die Abweichung bemerken, totalitär und intolerant.
Vielleicht braucht die abweichende Mehrheit auch wieder jenen intoleranten Individualitätsanspruch, der den Traum von der Freiheit des Subjekts, fernab von jeder parteilichen Norm in sich trägt.
Bislang ist dies ein Reservat der freien Künste, der noch tolerierten Künste und der Geisteskrankheit, der isolierten Geisteskrankheit.
Bislang. Wie lange noch?

Wenn etwas notwendig ist, wird es auch tatsächlich sein, wenn etwas wirklich ist, wird es auch möglich sein, wenn etwas nicht möglich ist, ist es auch nicht wirklich, und wenn etwas nicht wirklich ist, ist es auch nicht notwendig.

BARBARA FRISCHMUTH

Vieles ist ein Schwindel, aber nichts ein Zufall

Wovon hierzulande die Rede ist

Werte Anwesende! Ich habe wirklich nicht ahnen können, was ich mir mit dieser ANDEREN REDE ÜBER ÖSTERREICH einbrocke. Seit Ende Juni weiß ich von diesem Termin, aber was ich jetzt sagen werde, stand vor einer Woche noch auf keinem Papier. Lassen Sie mich Ihnen dennoch ein wenig von diesem Sommer erzählen, den ich, was das Schreiben angeht, verplempert habe. Die wenigen Seiten, die er mir gebracht hat, sind nicht einmal dieser Rede wert.

Dafür habe ich mir so etwas wie ein gesellschaftliches Leben angefangen, nicht zum Spaß natürlich, ich wollte ja herausfinden, wovon hierzulande die Rede ist. Wie sich bald herausstellte, war es noch nie so spannend. Endlich ein verbindliches Thema. Kein Historikerstreit wie bei der Sprachverwandtschaft, dafür ein Geschichtsstreit, bei dem die professionellen Laien einander kaum ausreden lassen. Ich selber bin einmal nachts vor meiner Ausseer Haustür in den Phlox gefallen, als ich den heimgehenden Gästen noch ein paar aufklärende Sätze mit auf den Weg geben wollte.

So viel ist in Österreich noch nie über Österreich geredet, das heißt geschrieen worden, zumindest nicht, seit ich mich erinnern kann. Da prallen noch immer die Erinnerungslücken aufeinander, sozusagen, und die Empfindlichkeit hat ihren Sitz in den Zehen, auf die jeder sich getreten fühlt. Erfahrene Diskutierer tragen bereits gefütterte Stirnbänder, um der vielen Stöße vor den Kopf zu wehren, und den neuen Völkischen bleiben die harschen Töne ganz und gar nicht mehr in der Kehle stecken.

Bei aller Genugtuung darüber, daß sich uns endlich die Zunge gelöst hat, ist es manchmal schon zum Genieren. Man geniert sich für die, denen man solche Töne gar nicht zugetraut hat, und schämt sich für sich selber, weil es einem noch immer in bestimmten Situationen an Zivilcourage fehlt. Aber es wird geredet, und mir kommt es so vor, als würden alle einander wieder genauer ansehen, vielleicht um herauszufinden, wieviel an gegenteiliger Meinung einer Freundschaft zumutbar ist. Geliebt-gelebte Demokratie? Ich weiß nicht. Zu deutlich ist das düstere Grollen von gestern im Hintergrund zu hören. Möglicherweise fängt man schon wieder damit an, sich abzusichern. Aber ich kann mich täuschen.

Doch auch wenn man gerne mit Leuten zusammensitzt, lacht und redet und das noch durch eine gute Ausrede absichert — Recherchen dieser Art haben ihre Grenzen. Ich habe gelesen, kreuz und quer, Historisches und Zeitgenössisches, Standardwerke und Kuriosa, so wie jeden Sommer.

Mit Franz Werfels Roman »Barbara oder die Frömmigkeit« habe ich eine ganze Woche verbracht, so vieles war da herauszulesen. »Sprung in die Freiheit« von Albrecht Gaiswinkler, einem Ausseer Widerstandskämpfer, hat mich über die paar Tage der Lektüre hinaus deshalb so lange beschäftigt, weil ich einen Teil der von ihm erwähnten Leute noch gekannt habe. Ich habe aber auch »Die geheime Front« (Organisation, Personen und Aktionen des deutschen Geheimdienstes) gelesen, das Buch meines ehemaligen Schuldirektors, eines noch ehemaligeren SS-Sturmbannführers und dazwischen Belastungszeugen im Nürnberger Prozeß. Ich habe wieder in Broch hineingeschaut und in Gerhard Roth, ich habe Erwin A. Schmidls »März 1938« (Der deutsche Einmarsch in Österreich) gelesen und ein Buch über den deutschen Historikerstreit usw. usf., in einem weiten Sinn also zum Thema.

Und ich habe mich wieder einmal ausgiebig darüber geärgert, daß es keine halbwegs verläßliche und wohlfeile österreichische Geschichte gibt, die man einem Halbwüchsigen schenken könnte und die man selber hin und wieder noch gern zur Hand nähme, ohne eine Sehnenzerrung zu riskieren. Eine halbwegs verläßliche, wohlfeile, in der auch vom Zweiten Weltkrieg die Rede wäre, denn der bleibt kurioserweise immer ausgespart. Mit dem selbständigen Staat Österreich verschwinden auch die Österreicher, so als habe man sie alle zusammen mit den Kunstschätzen in ein Salzbergwerk gesperrt und erst nach dem Krieg mit einem Opferausweis wieder entlassen.
Im Handbuch der deutschen Geschichte aber, Band 21, »Der Zweite Weltkrieg«, von Karl Dietrich Erdmann, bei dtv erschienen, kommen außer zwei namentlich erwähnten Österreichern, nämlich Hitler und Eichmann, nur noch die Wiener Schiedssprüche von 1940 vor, die einzigen Indizien für die Existenz von Österreichischem zwischen 1939 und 1945, personell und geographisch zumindest. Daher der Rat einer Unbefugten an die Historiker: eine Geschichte der Österreicher zu schreiben, denn die muß es ja irgendwo und irgendwie gegeben haben, selbst in Zeiten wie jenen.
Aber weder lesen noch mich ärgern half über den wunden Punkt hinweg, nämlich daß die Rede konzipiert werden mußte. Ich überlegte mir also Blickpunkt und Blickwinkel, nahm all meinen Ernst und mein Politikverständnis zusammen, klopfte mir selbst an die Brust, gab zu, was an Untugenden mich mit den meisten übrigen Österreichern verbindet, versuchte meine Enttäuschung über die unseligen Äußerungen von Politikern und Journalisten so scharf wie möglich zu formulieren und zu sagen, was da möglicherweise alles dahinterstecke. Und natürlich wollte ich weder den überhöhten Standpunkt einer Prophetin noch den tiefinneren eines Gewissens der Nation eingenommen

haben, und als ich dann doch zu einem Ende kam, hatte ich so einiges von dem gesagt, was wohl wieder einmal gesagt werden mußte, obwohl es schon des öfteren gesagt worden ist.
Dann ließ ich meine Rede von einem Freund, dem ich einigen Sachverstand zutraue, gegenlesen. Ich sperrte ihn mit einem Glas Wein in meinem Wohnzimmer ein, und insgeheim erwartete ich wohl doch, daß er mir nach der Lektüre die Hand geben und — wie man eben zu einem Gewissen sagen könnte — sagen würde, und das gerade, weil ich kein Gewissen sein wollte: Sprich lauter, meine Liebe, der Ton stimmt! Oder etwas anderes in dieser Art. Nichts dergleichen geschah. Dieser Freund saß da wie Buddha im Öl und erklärte mir, was bessere Journalisten alles besser könnten. Dann ließ er sich gerade noch herbei, meine Rede eine anständige zu nennen, doch das Wort anständig klang plötzlich ranzig — und das gab mir den Rest.
Da schlug ein Journalist mir den Journalismus um die Ohren, gar nicht zu reden von meiner Bekenntniswilligkeit. Heiliger Dürrenmatt hilf! Den rufe ich immer an, seit er im Sommer in Salzburg gesagt hat, man müsse damit beginnen, die Dinge von ihrer komischen Seite zu sehen, vielleicht sei das die neue Humanität unserer Zeit. Aber so komisch war meine anständige Rede gar nicht.

In der darauffolgenden Nacht hatte ich einen Traum. Ich befand mich in einer Art Vorhimmel, der ein wenig dem Konferenzzentrum ähnelte, wie sich aber dann herausstellte, war es doch der Grazer Hauptbahnhof. In einem Wartesaal lagen fett und träge verschiedene Länder herum und tranken Kaffee. Österreich war eine Frau namens Austria, die eine Bluse mit großen Puffärmeln trug und einen Rock vom Loden Frey. Als ich näher kam, hörte ich sie gerade sagen: »Sie können ruhig Ihre Koffer packen

und schauen, daß Sie weiterkommen, Sie Trampel!« Das war ein sogenannter Tagesrest, denn das hatte am Nachmittag eine anonyme Anruferin zu mir gesagt, die sich, was ich in einer Zeitung über Wien geschrieben hatte, nicht gefallen lassen wollte.
Ich stelle mich also etwas eingeschüchtert vor, sie aber schaut gar nicht so unfreundlich, erhebt sich und geht mir voran in eine Art Abstellraum, ihr Archiv, wie sie sagt. Und ich staune nicht schlecht, als ich an den Wänden die Bilder von all ihren großen Söhnen hängen sehe. (Die Töchter waren ihr wohl nicht groß genug, oder es gab keine Bilder von ihnen, jedenfalls fehlten sie als Wandschmuck.)
»Sie haben sie alle versammelt. Es fehlt wirklich keiner«, sage ich nach längerem Hinschauen ergriffen. Vorsichtshalber sieze ich sie, falls eben der Tagesrest doch kein Tagesrest gewesen wäre. Sie aber duzt mich einfach. »Schau«, sagt sie und deutet auf eine Schaltvorrichtung, die sich auf der Kommode befindet. »Welchen willst du denn hören?«
Ich sage Werfel, weil er mir als erster einfällt. Sie drückt einen Knopf, Franz Werfels Bild leuchtet auf, und er sagt mit auf künstliche Weise sich verzerrendem Mund: »Vieles ist ein Schwindel, aber nichts ein Zufall!«
»Geh, plausch nicht«, sagt Austria, und ich fühle mich persönlich angegriffen, habe ich doch in meiner anderen Rede versucht, anhand dieses Satzes die letzten fünfzig Jahre zu charakterisieren, indem ich behauptete, der Schwindel sei wieder einmal aufgeflogen, nicht nur der Schwindel an sich, sondern die vielen Schwindeleien, die wir uns geleistet haben, im Sinne von: zu klein für die Verantwortung, aber wenn uns dennoch jemand nahetritt, laut zu schreien, daß man sich das halt nur mit den Kleinen traut. So haben wir uns die Mitschuld aus dem Staatsvertrag herausverhandeln lassen, die Ressentiments aber sind im Volk dringeblieben.

Ich will Austria noch nach einigen ihrer anderen großen Söhne fragen, aber sie läßt mich nicht zu Wort kommen und drückt selber ein paar Knöpfe. Hermann Broch ist ihr wohl unterlaufen, denn sie schüttelt von Anfang an ein wenig angewidert den Kopf, während ich Broch sagen hören kann: »Im übrigen bin ich da in der richtigen Umgebung: so etwas von Gleichgültigkeit gegen das Weltelend ringsum ist wohl nur bei der hiesigen Bevölkerung zu finden. Übrigens war der Österreicher immer so.«
»Ja, ja«, sagt sie, »und wer fragt in Amerika nach den Indianern?« Karl Kraus zeigt die Zunge, kommentarlos. Sie ignoriert ihn, gleich darauf leuchtet Arthur Schnitzler auf: »Sie wissen, daß es zurzeit kaum eine Eigenschaft gibt, die für eleganter gilt als die Frömmigkeit.« »Heini«, sagt sie, während sie ihm den Strom abdreht und bloß noch so, als spiele sie eine bestimmte Melodie auf dem Klavier (die Musik scheint ihr halt doch viel mehr zu liegen), verschiedene Tasten drückt.
Von George Saiko gibt es nur eine Zeichnung, kein Foto, aber was er sagt, ist gut zu verstehen, offenbar hat sie es noch nie jemandem vorgespielt: »Falls dies ein Putsch war«, er liest aus einem seiner Bücher vor, »so jedenfalls einer, bei dem es nur Mitwisser gab, obwohl außer den Einheimischen sich niemand zu den Mitverschworenen zu gehören traute. Es war auf eine abstoßende Weise jämmerlich, dieses mit Selbstverständlichkeit zur Schau getragene Vermeiden selbst des geringsten Risikos, das Abwarten nach zwei Seiten, der routinierte Verzicht auf Haltung, der sich nicht einmal zu einem Aufmucken hinreißen ließ.« Austria hat verwundert zugehört, dann aber schnippt sie mit den Fingern und meint: »Aufmucken auch noch. Was hätten s' denn tun sollen, damals im 34er Jahr, bei so vielen Illegalen? Und überhaupt, wen interessiert denn das heute noch? Was bleibt, sind die Festspiele, Salzburg, die Oper, das Theater, Wien mit seinem ganzen

Drum und Dran, die Kultur halt. Das kennt ein jeder. Den Böhm, den Karajan. Den Strauss und den Hofmannsthal.« Sie drückt ein Doppelfoto. Strauss lächelt, und Hofmannsthal sagt verträumt: »Es fehlt in Österreich selten an geistigen Kräften, öfter an dem Willen, von ihnen Gebrauch zu machen.« »Das ist es«, schreit Austria. »Wollen müss' ma. Wollen und uns nichts gefallen lassen. Manchmal sagen die Buben auch was Gescheites.«
Sie sucht eine Weile nach jemand Bestimmtem. Das von Wind und Wetter gegerbte, von den Furchen der dichterischen Anstrengung gefältelte Gesicht Karl Heinrich Waggerls erscheint. Austria lächelt liebevoll. Waggerl hält das Bekenntnisbuch österreichischer Dichter aus dem Jahr 1938 in Händen und liest: »Nun hat Adolf Hitler für uns gehandelt. Bedenkt es doch, Freunde: ein einzelner Mann, und nicht durch die Kniffe des Diplomaten, nicht durch die blutige Kunst des Feldherrn, sondern einfach durch die hinreißende, die befreiende Kraft einer wahrhaft großen Menschlichkeit. Müssen wir nicht alle hinter ihm stehen? Wo ist der Deutsche, der in einer solchen Stunde versagt?«
»Na ja«, meint Austria, »manchmal reden s' auch einen Blödsinn. Aber was hätt er denn tun sollen, damals, wie's mich schon nicht mehr gegeben hat. Hätt er sich umbringen lassen sollen? So hat er halt den Leuten weiter ins Gemüt reden können, sie innerlich aufbauen, verstehst?«
Austria scheint die Lust an ihrer Schaltvorrichtung verloren zu haben, sie will sie wegrücken, bleibt aber mit dem Fingernagel an einem Knopf hängen. Ein Selbstportrait von Arnold Schönberg leuchtet auf. Sechs Frauen singen: »Still, o schweige, du weißt es ja, und trotzdem bist du blind? So oft schon! Und immer wieder? Immer wieder das gleiche Ende.« Austria hat eine Gänsehaut gekriegt und schüttelt sich als Ganzes, als sie den Stecker endgültig aus der Wand zieht.

»Sie haben sie aber doch wohl alle sehr geliebt, Ihre Söhne«, sage ich, der Antwort gewiß.
»Ah wo«, sie schenkt sich und mir ein Viertel Wein ein, »prominent waren s' halt, und da freut man sich als Mutter schon.«
Sie macht eine kleine Pause, und da frage ich sie nach Albrecht Gaiswinkler, den Ausseer Widerstandskämpfer, den ich noch gekannt habe. Er hängt zwar nicht unter den großen Söhnen, aber in der Kommode finden sich ein paar Unterlagen. Ein Paßfoto, auf dem noch der Rest eines Stempels zu sehen ist. »Fescher Mensch«, sagt Austria, »aber was soll das heißen, Widerstandskämpfer?«
Nachdem Austria an dem Tag im April 1945, an dem Gaiswinkler von einem englischen Flugzeug mit dem Fallschirm abgesprungen ist, noch in ihrem Schneewittchen-Scheintod lag, mit dem Stückchen vergifteten Reichs-Apfel in der Kehle, erkläre ich ihr, so gut ich kann, was es mit diesem Gaiswinkler für eine Bewandtnis habe. »Er hat in den Ausseer Widerstand zu retten versucht, was noch in ihn hineinzuretten war.« Sie kramt in dem kleinen Bündel von Papieren. »Wie alt war der damals? Achtunddreißig? Und da hat er sich noch herunterzuhupfen getraut? Ein heldenhaftes Mannsbild. Und das alles für mich?« Sie ist tatsächlich gerührt.
»Getraut haben sich die anderen auch was, die im Krieg.«
»Vor lauter Angst wahrscheinlich, aber das geht mich nichts an, nämlich was im Krieg passiert ist.«
»Dieser Held von Gaiswinkler doch wohl schon, oder?«
Während sie in Papieren aus den fünfziger Jahren blättert, zieht sie ein Schnoferl. »Nur tote Helden taugen was. Erhält den Titel Kaiser vom Ausseerland, ist unbeliebt wegen Potentaten-Allüren, feiert zu viel, empfängt als Chef der Krankenkasse auf dem Sofa liegend und mit dem Siegelring spielend die Leute, die von ihm was brauchen.«

Sie wirft das ganze Bündel in die Kommodenlade zurück. »Der hat sein Heldentum nicht durchgehalten.«
»Na ja«, sage ich, »so was kann vorkommen, aber Sie waren auf Leute dieser Einstellung angewiesen. Es sind Ihre Lebensretter, ohne die hätte man Sie vielleicht gar nicht wiederauferstehen lassen.«
»Pah«, sagt sie, »wen geht denn das heut noch was an?!«
»Die anderen reden aber schon über Sie.«
»Was?« keift sie, »reden? Reden können s' lang.« Sie schnupft beleidigt. »Diese ewige Einmischerei, damit muß Schluß sein.«
Ich schweige, um sie nicht noch mehr aufzubringen.
»Was reden s' denn so?« fragt sie nach einer Weile. Ich antworte nicht.
»In meiner anderen Rede über Sie habe ich mich darüber aufgeregt«, sage ich, »daß man in keinem österreichischen Lesebuch etwas über den österreichischen Widerstand findet. Dabei waren wir einmal angewiesen auf ihn, Sie wissen, die Moskauer Deklaration ...«
»Ich weiß gar nichts«, sagt sie trotzig. »Und daß ausgerechnet du über mich was zu reden hast, geht mir über die Hutschnur. Was weißt du denn schon? Oder hast du als kleines Kind auch schon mitgemischt?« Und als ich nicht rasch genug etwas erwidere, fügt sie hinzu: »Na, siehst!«
»Es muß Ihnen doch guttun, daß es Leute gegeben hat, die sogar ihr Leben für Sie riskiert haben.«
Sie ist noch immer beleidigt. »Haben, haben, haben«, sagt sie, »fürs G'habte gibt der Jud nix.«
»Gerade die Juden«, sage ich, »ist Ihnen denn gar nicht leid um die? Wenn ich mir Ihre großen Söhne so anschau ...«
Auch sie schaut zur Wand. »Na ja, es waren schon ein paar klasse Köpf drunter, aber auch viel Ruß, glaub mir, viel Ruß ...«

Dieses Wort … jetzt glaub ich wirklich schon selber, daß ich träum. »Also wissen Sie«, fahr ich sie an, »Sie haben tatsächlich keinen Genierer.«

»Was bist denn gar so empfindlich? Mein Gott, ich kann doch auch nicht immer an alles denken.«

»Und das jetzt, wo nur mehr so wenige da sind, daß wir sie Mitbürger nennen müssen, weil Bürger allein sie offenbar nicht mehr entsprechend schützt.«

»Diese i-Tüpferlreiterei«, mault die Frau Austria. »Ich hab sie ja nicht vertrieben. Zu mir hätten s' ja wieder zurückkommen können.«

»Warum haben Sie sie nicht zurückgebeten, die, die man nicht umgebracht hat? Sie hätten doch allen Grund dazu gehabt.«

»Bitten?« Vor Entgeisterung fährt sie sich mit der Hand ins Aug, und dabei verschiebt sich auch noch ihre Perükke. »Na hörst, wir haben doch selber nichts gehabt damals. Da, schau mich an. Hast du überhaupt eine Ahnung, wie ich einmal ausgeschaut hab, nämlich ganz früher? Ich bin sowieso nur mehr ein Schatten meiner selbst. 1918 hat's angefangen mit meiner Entschlakkung …« Sie lacht hemmungslos bitter, und da sehe ich, daß ihr hinten ein paar Stockzähne fehlen. »Da haben s' mich richtig zusammengestaucht. Und davon«, sagt sie nun beinah schon wieder kokett, »hab ich mich halt nie mehr so richtig erholt. Ich hab mich verführen lassen, na und! Schmeiß den ersten Stein, wenn du's soviel besser machst. Hast doch auch einmal kommunistisch gewählt, in jungen Jahren, oder? Arm war ich und schwach war ich, is doch kein Wunder, daß ich einen drüberlassen hab.«

Ich spüre, wie die moralische Strenge in mir abbröckelt, aber als ich sie genauer betrachte und sehe, wie sie noch immer den Busen raushängen läßt, schrumpelt mein Mitgefühl gleich wieder.

Sie muß an meinem Gesichtsausdruck gemerkt haben, daß ich ihr selbst im Traum nicht ganz auf den Leim gehe, denn plötzlich prostet sie mir zu und sagt: »Kannst ruhig du zu mir sagen.« Und als ich nicht gleich etwas sage, kommt sie auf mich zu, legt mir den Arm um die Schulter und meint: »In Zeiten wie diesen muß ma zammhalten, verstehst?«

Jetzt ist es an mir, mich klein zu machen, denn wie sie sich so über mich lehnt, erdrückt sie mich fast. Irgendwie merkt sie, daß mir das nicht guttut. »Geh komm«, sagt sie und zieht mich am Ärmel weiter. »Laß ma doch die tepperte Vergangenheit ...« und plötzlich steht sie im Jeans-Rock vor mir und in einem Sweat-Shirt, auf dem der Mozart Motorrad fährt. »Gemma doch ein bißl raus, wirst sehen, heute ist alles ganz anders.«

Wir gehen tatsächlich hinaus in die Nacht, zwei weibliche Nachtspazierer, und sie schaut schon wesentlich jünger aus als ich.

»Weißt du«, sagt sie und hängt sich bei mir ein, »die Sache ist einfach die, daß wir uns nicht noch mehr gefallen lassen dürfen.«

Mein Traum wird schon ein bißchen löchrig, denn in meiner anderen Rede habe ich ein Telefongespräch mit einer Dame aus dem Außenamt erwähnt, die diesen Satz zu mir gesagt hat. Und so wie in meiner anderen Rede sage ich jetzt zu der ziemlich jugendlichen Austria: »Aber wer hat sich denn was und von wem gefallen lassen? Wir tun doch schon gar nichts anderes mehr, als uns nichts gefallen lassen.«

Sie läßt mich gar nicht erst aufkommen. »Ich bitte dich, was wir brauchen, ist ein gesundes Selbstvertrauen. Diese ganze masochistische Tour ist doch zum Speiben.« Darauf fällt mir nun wirklich im Augenblick nichts ein.

Die Nacht ist mild, durch den Himmel segeln Hellersche Luftballone, die Phantasie ist noch immer in der Krise, aber die Beiseln blühen, und der Jugendstil geht langsam in die Postmoderne über.

Eigentlich denke ich nicht einmal im Traum daran, dieses Land schlecht zu machen. Es lebt sich recht gut hier, und daß sich so viele Leute umbringen, muß an was anderem liegen.

»Eine Stimmung wie in der Grottenbahn«, sagt Austria leise lachend, wie wir so durch die Jetztzeit spazieren. Und da sitzen wir auch tatsächlich schon in einem Wagen der U3, nach der in Wirklichkeit noch gegraben wird, und fahren langsam am Geschehen vorbei, das in kommunizierenden Glaskästen dreidimensional und in Farbe zur Schau gestellt wird.

Da mein Traumgedächtnis leider schon etwas nachläßt, muß ich mir selbst die Disziplin auferlegen, die einzelnen Schaubilder zu beziffern. Austria sitzt mir gegenüber, sie hat eine Brille aufgesetzt, obwohl sie mir versichert, daß sie das alles eh schon kennt.

Römisch eins: Alois Mock und Michael Graff mit Käppchen und Ehrenband ergehen sich als alte Herren bei einem Festkommers. Aber selbst in dieser Gesellschaft müssen sie für jeden ihrer Sprüche an die Welt einen großen Krug Bier ex trinken. Austria stößt mich kichernd an: »Und dabei dürfen sie nicht aufs Klo gehen — als Strafverschärfung!«

Der Wagen bewegt sich langsam weiter. Erst jetzt bemerke ich, daß er ein offenes Dach hat, es tropft nämlich von der Schachtdecke herunter.

Römisch zwei: Kurt Waldheim sitzt als Rapunzel mit langer blonder Zopfperücke an seinem Fenster in der Hofburg und versucht sich zu erinnern. Draußen sausen zwei Draken im Blindflug vorüber. »Ich hab's«, jubelt er, »General Löhr, der damals die österreichische Luftwaffe aufgebaut hat. Ein toller Kerl, der sich das Taferl schon verdient hätte.« Unten hängt sich Hussein von Jordanien an die Zopfmaschen. »Salam, guter Freund«, schreit Kurt Waldheim hinunter. »Und aus ist es wieder mit der Erinnerung«, Austria lehnt sich zurück und zündet sich eine Zigarette an, obwohl wir in einem Nichtraucher-Abteil sitzen.

Römisch drei: Fred Sinowatz als Zeus und Hans Pusch als Ganymed sitzen bechernd auf einer Felsspitze. Der Adler kreist schon die längste Zeit über ihren Häuptern, kann aber Ganymed, alias Hans Pusch, nicht entraffen, da er zu schwer ist.

Austria schaut mich mißtrauisch an. »Der kommt doch wie du aus Aussee, dieser Gottsoberen-Vorkoster?« »Nicht ganz. Aber sein Vater war dort Schuldirektor.« »Wie dieser Willi Höttl von der Geheimen Front? Und da war doch auch der Kaiser vom Ausseerland, und, und, und …«

»Und KMB«, sage ich. »Wer?« »Klaus Maria Brandauer.« Ihr Gesicht leuchtet auf wie eine Christbaumkugel. »Na dann«, sagt sie, »ist ja alles wieder gut.«

Römisch vier: Ziemlich gespenstische Beleuchtung. Die Leichen von Verteidigungsminister Lütgendorf, Botschafter Amry und Generaldirektor Apfalter werden aus dem Keller geholt und in eine große Kiste gepackt, auf der KANONENFUTTER steht. Austria richtet sich empört auf. »Nicht einmal die Toten lassen s' in Frieden«, sagt sie giftig und fügt hinzu: »Von irgendwas müssen wir ja schließlich leben, oder?«

Der Zug nähert sich römisch fünf: Eine naturgetreue Nachbildung der VOEST im Maßstab 1 : 100. Sonst nichts. Austria erzählt dazu die Legende: »Weißt, die VOEST erzeugt jetzt intelligente Produkte. Aber um Wirtschaftsspionage zu vereiteln, bleibt vorderhand und nach außen hin alles so, wie es ist. Nur die Funktionäre fahren in Limousinen mit vorgezogenen Vorhängen ins Büro.«

Auch ich würde schon gern den Vorhang vorziehen, aber

der Wagen der U3 hat keinen, und so kommen wir zu römisch sechs: Der Weihbischof für Kunst, Kultur und Wissenschaft steht an der Schwelle eines öffentlichen Dormitoriums und hält schützend die Hand über ein, wie er selber sagt, noch warmes Kondom, mit dem er gegen den Holocaust an den Ungeborenen demonstriert. Im Hintergrund schweißt einer der ihm anbefohlenen Bildhauer an einer Skulptur aus Leichtmetall (das Material wurde zu günstigen Konditionen aus Ranshofen bezogen), die das Anderl von Rinn darstellen soll, schließlich war die Kirche immer schon eine Förderin der modernen Künste.
Austria lacht genant. »Wenigstens ist wieder was los bei den Katholen.« Die U3 fährt nun in den Bahnhof Landstraße ein, der zu einem Panorama ausgebaut ist. An den Wänden verlaufen sich der Neusiedlersee, der Bodensee und die Alpen. Franz Vranitzky und Fred Sinowatz kommen mit Stöckchen und Zylinder steppend die Rolltreppe herunter, während Erhard Busek versucht, seine bunten Vögel einzufangen, die er für die nächste Veranstaltung wieder braucht.
Beppo Mauhart, Rudolf Streicher und Hannes Androsch heben gemeinsam einen Koffer ins Schließfach. Er ist so schwer, daß ihnen allen dreien der Schweiß ausbricht und sie zur Erleichterung dreistimmig ho-ruck schreien müssen.
Robert Graf erklärt mit näselnder Stimme einem amerikanischen Geschäftsfreund den Unterschied zwischen Frankfurter und Wiener Würsteln, während an einem zusammenklappbaren und daher ambulanten Stehpult der unselige Briefeschreiber aus Oberösterreich, der noch immer in Amt, Würden und Mitglied seiner Kirche ist, wieder einmal tätig wird. Diesmal schreibt er an gewisse Stellen, um die Kosten für den Prozeß Jesu einzuklagen. »Nein«, sage ich, so laut, daß ich beinah erwache davon. Austria schaut mich verständnislos an: »Wenn dir was nicht paßt, kannst ja

gehen«, sagt sie, »nur woanders ist's halt öha mit den Subventionen für die Literatur.« »Subventionen«, das Wort bekommt plötzlich einen Hall, der das ganze Panorama erfüllt. Ich halte mir die Ohren zu. »Tschapperl«, sagt Austria, »was soll denn da ich sagen? Und ich kann nicht einmal weggehen.«
Als ich aufstehe, ist mir schwindlig. »Alsdann, nichts für ungut.« Sie busselt mich auf beide Wangen. »Von den Töchtern war gar nicht die Rede«, sage ich, froh, daß mir das noch eingefallen ist. Sie hat sich bereits ans Buffet gestellt und zeigt auf das Glas mit den Essiggurken. »Im nächsten Traum«, ruft sie und winkt mir herüber. Ich sehe sie noch kauen, während der Tag mich langsam wieder hat.

Werte Anwesende, Sie können sich denken, daß ich nach all dem ziemlich froh war, noch einmal aufwachen zu dürfen. Ich machte mir ein ordentliches Frühstück, und da ich zu faul war, um eine frische Zeitung zu kaufen, las ich in einer alten, die noch herumlag. Und da stieß ich wieder auf ein paar Zeilen, aus der Rede, die Erich Fried in Linz gehalten hat. Ich möchte sie Ihnen noch einmal ins Gedächtnis rufen: »Aller angebliche Schimpf«, heißt es da, »der Österreich angetan worden sein soll, ist nichts gegen den Schimpf, den von allen guten Geistern verlassene Österreicher sich selbst und dem Land antun.«
Mehr ist zu diesem Thema im Augenblick nicht zu sagen.

Diese »andere Rede an Österreich« habe ich am 27. September 1987 im Theater am Petersplatz gehalten. Mittlerweile hat sich einiges, wenn auch nur Geringfügiges geändert, und daher ist es nicht so verwunderlich, daß Frau Austria mir gelegentlich wieder zu Traum kommt. Und nicht nur zu Traum.
Als alter Radio-Fan, genauer gesagt als habituelle Ö1-

Hörerin, stehe ich neuerdings nicht an, mir auch den Walkman meines Sohnes umzuschnallen, wenn ich seinen Hund am Donau-Kanal spazierenführe, um so das Notwendige mit dem Erfreulichen zu verbinden. Und auf einer dieser städtischen Wanderungen ist mir neulich eine junge Frau begegnet (jung heißt in diesem Fall nur jünger als ich) — und die trägt exakt die Züge meiner traumweise verkörperten Austria. Irgendwie scheinen wir uns auch vom Sehen zu kennen, und mir fällt etwas ein von sehr früh gehabten, bereits ins Studium entlassenen Kindern und vom zweiten Bildungsweg.
Wir nicken uns zu, und ich muß erst die Kopfhörer lüpfen, um zu verstehen, was sie sagt: »Kalt heute!« Aber das weiß ich selber. Es ist schon Mitte Dezember, und am Kanal schneeweht es fürchterlich, sogar der Hund zittert. Kein Wunder also, daß wir uns alle drei ins Café Zartl flüchten, dessen hundertjährigen Geburtstag wir vor Jahren gefeiert haben. Dort bekomme ich sogar eine Decke für den Hund zum Drauflegen, weil der Boden noch so »fußkalt« ist.
Jetzt fällt mir auch wieder ein, wie sie heißt, meine plötzlich in wachem Fleisch vor mir sitzende Austria, nämlich Fanny. Und sie sagt, ihre Kinder seien quasi versorgt und der Mann eh beschäftigt, und es habe ihr schon seit Jahren so was wie das vorgeschwebt, was sie jetzt mache. Sie deutet auf die mir um den Hals liegenden Kopfhörer und meint, sie mache nun Reportagen für den Hörfunk, und dadurch werde auch ihre Welt wieder weiter, ganz abgesehen davon, daß es ihr Spaß mache, so etwas recht gewissenhaft anzugehen.
»Worüber denn?« Ich bin voller Staunen und denke, daß man die Leute, mit denen man im Kaffeehaus sitzt, eigentlich nie gut genug kennt.
»Über die aus den Verstaatlichten Betrieben entlassenen Arbeiter.«

»Aha«, sage ich vor Neugier und Erstaunen. Aber schon fährt sie fort: »Vor allem über die Methode der Entlassung. Daß man ihnen erst ganz kurz davor sagt, wer aller entlassen wird, und das vorzugsweise jetzt, vor Weihnachten. Und überhaupt. Während die Funktionäre weiter Funktionen kumulieren.« Spontan seufzen wir gleichzeitig. »Dabei hätten sich, weiß Gott, viele Härten vermeiden lassen«, sagt sie, »wenn man sich schon früher etwas dazu gedacht hätte. Aber außer die Betroffenen interessiert das anscheinend niemanden.«
»Und darum willst du ...«
»Darum will ich ... und das gerade jetzt, noch vor Weihnachten.«
Und dann reden wir über das Serapionstheater und die Serapionten, die die alte Getreidebörse zu ihrem neuen Odeon-Theater vitalisieren wollen, und über ihr Finanzierungsmodell, das sich schon bei früheren Produktionen bewährt hat, und mit welchem Einsatz und wie gut sie spielen und wie sie eben dadurch für diese Stadt unverzichtbar geworden sind. Während all die Journalisten-Potentaten, die selbsternannten Scharfrichter und Zeitgeistspione noch immer nicht in der Lage sind, auch nur eine anständige Tageszeitung zu machen, in der nicht nur die Sprache, sondern auch die politische Haltung »nicht zum Genieren« wäre. Man kann seine diesbezüglichen Wünsche ohnehin nur mehr negativ formulieren.
Wie ich merke, duze ich mich mit meiner jetzigen Austria, und während wir uns so unterhalten, an einem späten Vormittag im Café Zartl, fängt sie auch noch zu träumen an. »Small is beautiful«, sagt sie in ihrem Englisch vom zweiten Bildungsweg, aber sie meint schon das Richtige. Nämlich was alles möglich wäre in diesem Land, was man alles ausprobieren könnte bei dieser komfortablen Bevölkerungsdichte. Wie man aus der dringenden Not eine kleine Tugend machen könnte, ohne Großparteien,

ohne Großindustrie und ohne Großkraftwerke. Wie man die Österreicher für eine bessere Lebens-Art (Art auch im Sinne von Kunst), für den Respekt vor sich selber (ohne Größenwahn) und für das Machbare interessieren könnte. Statt größer und extensiver — kleiner und intensiver! Keine Zwangsbeglückung, aber sich freuen dürfen — auch über weniger Spektakuläres. Und wenn schon Belehrung, dann über die Möglichkeiten und Weisen des Sichzusammenschließens — als bewegliche Gruppierung — möglichst projektgebunden. Das Geltenlassen einerseits und das Einbekennen von Fehlern und Schäbigkeiten andererseits sind demokratische Tugenden, ja nicht nur Tugenden, sondern die Voraussetzung für einen Neuanfang. Und ohne diesen Neuanfang ist ein österreichweites Gespräch ohnehin nicht mehr möglich. »Ich will verstehen«, sagt sie, »das schon, aber ich will mir nicht dauernd Rechtfertigungen anhören müssen.«

Und da es soeben zwölf wird, kann ich es doch nicht lassen und höre zumindest mit einem Ohr hinein in die Nachrichten. Es werden gerade die Nobelpreisträger für Medizin, Physik und Chemie bekanntgegeben. Ich sage ihr die Namen weiter, und sie schüttelt traurig den Kopf. »Ob wir da wohl noch einmal mitmischen?« Ich glaube selber nicht mehr daran.

»Mit dieser Art von Forschungspolitik?« Sie schüttelt sich als ein Ganzes. Und dann erzählt sie von ihrem Sohn, der versucht, an der TU zu studieren. Der andere möchte an die Wirtschaftsuniversität, aber das ist erst recht aussichtslos, die ist auch schon wieder aus allen Nähten geplatzt. Und Medizin geht schon gar nicht. Am schlimmsten aber ist, daß selbst die, die es schaffen, keine gute Ausbildung mehr bekommen.

»Die Wiener Schule«, sagt sie nach einer Weile versonnen, und ich ertappe mich, wie ich dabei an das Gymnasium in der Kundmanngasse denke, das mein Sohn zur Zeit besucht — und dann erst an weit Zurückliegendes. »Aber«, sagt sie, und da erkenne ich meine alte Austria überhaupt nicht wieder, »machen ließe sich schon etwas.« Sie räumt ihre Tasche ein und will zurück an die Arbeit. »Ich bin sicher, daß sich was machen läßt.« Und da hoffe ich es selber schon wieder.

R. P. GRUBER

Die Mehrheit ist der Feind des Begriffs

»Wir sind mit dem moralischen Zustand einer Gesellschaft konfrontiert: An der Spitze des Staates ein Präsident, der in der ganzen Welt als Lügner angesehen wird. An der Spitze der ÖVP ein Mann, der um des Wahlerfolges willen bereit war, eine Welle des Antisemitismus in Kauf zu nehmen. An der Spitze der größten Bank ein Mann, von dem man ungestraft behaupten kann, er hätte als Finanzminister die Steuern hinterzogen. Und nunmehr ein Lügner an der Spitze der SPÖ.«
Profil, 19. 10. 1987

Auf dem Programm steht ein staatlich verordnetes Trauerjahr. Die Irritation durch den FPÖ-Vorsitzenden: es handle sich um ein Jubiläum, schieben wir mit einer Geste des Ekels vom Tisch. Wir Österreicher haben gelernt. Die Mehrheit der Österreicher kann heute nicht mehr als ausgesprochene Nazis bezeichnet werden — wenn auch nicht gerade als ausgesprochene Antifaschisten. Die Mehrheit, die die Macht der demokratischen Parteien in unserer parlamentarischen Demokratie legitimiert, ist weder faschistisch noch antifaschistisch: Sie hat keinen Begriff vom Faschismus, und sie weiß nicht, was Antifaschismus ist. Der Mehrheit der Österreicher fällt zum März 38 dasselbe ein wie zum März 88: nichts. Der Mehrheit der Österreicher fällt zum Jahr 1939 dasselbe ein wie zum Jahr 1989: nichts. Der Mehrheit der Österreicher fällt zum Jahr 1945 dasselbe ein wie zum Jahr 1955: nichts. Die Mehrheit hat die Einfälle per Stimmzettel delegiert. (Oder per Nichtwahl; die Wähler des Nichts, das uns regiert.) Es sind die Vertreter der Mehrheit,

also die regierende Minderheit, denen etwas einzufallen hat.
Den Vertretern der Mehrheit ist tatsächlich seit Kriegsende etwas eingefallen: sie haben der Mehrheit die Mühsal einer geschichtlichen Existenz abgenommen, sie haben der Mehrheit die Mühsal der Individualität genommen. Sie haben der Mehrheit die Plage des lästigen Ich-Seins von den Schultern genommen. Die Dramatik einer Entscheidung braucht die Mehrheit der Österreicher nicht mehr auf sich zu nehmen, weil es die kompetenten Herrschaften damit beauftragt hat. Die Herrschaft ist kompetent, weil sie den Auftrag hat. Die Politik der Herrschenden ist nicht ideologisch, sondern sachlich. Im Österreich der späten achtziger Jahre herrschen keine ideologischen, sondern Sachzwänge. Die Regierung selbst ist ein Sachzwang. Die Regierung regiert, weil es eine Regierung geben muß, die die Interessen der Regierten wahrnehmen kann.
Die Regierten haben keinen Begriff von Geschichte und daher auch nicht von Realität. Selbst die wenigen Regierenden der Zweiten Republik, deren Ziele sich nicht protzig und vordergründig auf Macht und Geld und Aufstieg ausgerichtet haben, die im Interesse des »Gemeinwohls« gehandelt haben, haben die »historische Wahrheit«, die Faktizität des Anschlusses, beiseitegelassen oder vertuscht oder einfach fortgelogen. Sie hatten bestenfalls einen Begriff von Geschichte gehabt, den sie »im Interesse Österreichs« nicht laut ausgesprochen haben. Sie haben ihn den Österreichern nicht zugemutet. Das gemeinsame Vertuschen war ihnen ein sichereres Bindemittel als das gemeinsame Aufarbeiten, das, auf der Suche nach den Wurzeln der Standpunkte, schließlich zu Polarisierungen führen hätte können.
Die Wiedererrichtung der Republik Österreich nach dem Zweiten Weltkrieg basiert auf einer kühnen Lüge Figls:

Österreich sei 1938 von den Deutschen überfallen worden, besetzt worden. Die Alliierten, die von den Österreichern nach dem Krieg nie als Befreiungsmächte, sondern immer als Besatzungsmächte angesehen wurden, anerkannten den Schwindel, wohl aus weitreichenderen strategischen Überlegungen. Der »Tag der Fahne«, den wir Schulkinder feierten, war der Tag des Abzugs des letzten Besatzungssoldaten. Nie habe ich gehört oder gelesen, daß der Tag der Befreiung von der deutschen Besatzung im Jahr 1945 Anlaß zu öffentlichen Feiern gewesen wäre. Figls »Österreich ist frei!« im Jahre 1955 (frei von den Befreiungsmächten) hat kein Pendant im Jahre 1945 (frei von Deutschland). Im Gegenteil: österreichische Soldaten in deutscher Uniform kämpften verbissen gegen die Befreiung Österreichs. Die Argumentation Figls war überhaupt nur möglich, weil es einen Widerstand gegen die Nazis in Österreich gegeben hat. Ich möchte die Leistungen des Widerstands nicht schmälern; die Mehrheit der Österreicher war aber in dem Lager, das der Widerstand bekämpfte. Interpretiert man Figls Überfalls-Legende konsequent, dann hat die Zweite Republik ihre Entstehung hauptsächlich kommunistischen Partisanen zu verdanken, sowie einigen Intellektuellen und Künstlern und Katholiken und Juden. Denn nur das Österreich dieser Widerstandskämpfer ist überfallen worden. Das Österreich der Mehrheit der Österreicher ist 1938 nicht überfallen worden.
Es ist dem Präsidenten Waldheim zu danken, daß er diese Lüge ungewollt aufgedeckt hat: für ihn, und für die meisten Österreicher, war es eine selbstverständliche »Pflichterfüllung«, im Nazi-Heer zu dienen, das doch, laut Figl, Österreich überfallen hatte. Figls Forderungen nach Reparationen an die BRD nach dem Krieg waren die logische Konsequenz dieser Geschichtsinterpretation, dieser frechen Lüge. Adenauer, dem die Spucke weggeblieben ist,

wollte daraufhin bekanntlich Skelette nach Österreich schicken.
Den Rücktritt Waldheims fordern heute auch schon konservative Politiker. Klar. Herr Waldheim, treten Sie zurück, Sie haben die fundamentale Lüge, auf der Österreich steht, aufgedeckt, Sie haben uns die wichtigste Nachkriegslüge gestohlen!
Waldheim darf nicht zurücktreten. Er lehrt uns Österreicher das Gespaltensein. Waldheim darf nicht zurücktreten, weil er das Mahnmal des Widerstands ist; Waldheim ist das Licht, das nicht ausgehen darf: er hat vergessen. Und hat mit seinem Vergessen das Arme-Sünder-Licht angezündet. Das Vergessen Waldheims ist die Legitimation einer ganzen Nation: wir wissen nicht, wer wir sind, aber das wissen wir sicher. Das Vergessen Waldheims ist der Stachel, der zum Widerstand lockt, mit dem wir täglich gestochen werden müssen.
Das Österreich der Mehrheit der Österreicher, das gesichtslose, geschichtslose, obrigkeitlich gegängelte, bis in die Unterwäsche durchbürokratisierte zufriedene Österreich, dessen Utopien in den Kassen der Koalitionsparteien schlummern, wo Freizeitprogramme entworfen werden, dieses Österreich ist, was das Geschichtsbewußtsein betrifft, 50 Jahre nach dem Anschluß nicht viel weitergekommen.
Kreisky, nach Figl und Raab die wichtigste politische Person nach dem Krieg, hat den Antizionismus wichtiger genommen als den Antifaschismus. Er hat, als Jude, die katholische Kirche umarmt und ihr damit die Gelegenheit zu einem Sündenbekenntnis genommen. Die Umarmung hält an, bis heute. Er hat (unter der Voraussetzung einer wohlwollenden Einschätzung) zugunsten des Friedens im Lande eine Aufarbeitung der Geschichte Österreichs verhindert, und zwar bewußt und strategisch verhindert, indem er Nazi-Bonzen in seine Regierungen holte. Damals

war die Frage nach der NS-Vergangenheit nicht so sensibilisiert, und man muß hinzufügen, sie war es auch deshalb nicht, weil Kreisky keine Sensibilisierung wollte. Kreisky wollte den Erfolg, er wollte auch die Stammtische in seinem Lager. Kreisky war, was die Sozialisten heute Jörg Haider vorwerfen: populistisch. Er hat aus der SPÖ eine Sammelpartei gemacht. Katholische Mütter und faschistische Väter haben Kreisky gewählt. Weil er — rückblikkend gesehen — der Garant für das Nichtaufarbeiten der österreichischen Vergangenheit war, für das Nichtantasten im Namen des Gemeinwohls, das ist gar nicht zynisch gemeint. Kreisky hat garantiert, daß sein Team die Fragen der Gegenwart lösen wird, und gleichzeitig garantiert, daß sein Team die Fragen der Vergangenheit nicht in das Bewußtsein der Gegenwart bringt. Sämtliche österreichische Nachkriegsregierungen haben die Gnade des Vergessens unter ihren Wählern verteilt. Sie sind der österreichischen Tradition der Verdrängung treu geblieben. Sie sind die Regierungen gewesen, die Österreich verdient hat.

Verdrängung, Lüge, Korruption haben sich als Grundfesten österreichischer Befindlichkeit erwiesen, als Konstanten dieses Jahrhunderts, die durch nichts zu erschüttern sind. Da hilft die Seele Ringels nichts, da hilft der Ekel Bernhards nichts. Die Ministerien der Ichlosen sind nur für die Ichlosen zuständig, und das ist die Mehrheit. Die Kämpfer gegen den Realitätsverlust, gegen die Geschichtslosigkeit — es gibt sie, sie publizieren, agieren, halten Referate — stehen auf verlorenem Posten: ihre »Realität« ist längst abgeschafft. Was sie wollen, ist nicht mehr einsichtig zu machen; die österreichische Geschichtslosigkeit ist längst zur geschichtlichen Tatsache geworden. Sie hat alles zur Frage von Kosten-Nutzen-Rechnungen degradiert. Nur mehr Pensionsverminderung und Arbeitslosigkeit reiben sich an den Zündflächen der Konsumexistenzen, Ölpreis und Dollarkurs sind schicksalhafte Mächte

geworden. Wenn Existenz sich am Konsum definiert, dann sind alle Entscheidungen aus der Hand gelegt, auch die Entscheidungen von Regierungen, es gibt keine persönliche Verantwortung mehr (beim letzten Börsenkrach mit Dollarsturz verwiesen Amerikaner darauf, daß »eine kleine Clique in der BRD« daran schuld gewesen sei; diese Clique war nicht die Regierung).
Die heilige Kuh heißt Erhaltung des Lebensstandards. Eine andere Kuh in diesem Stall heißt Arbeitsplatz. Diese Kühe, heißt es, fordern vollen Einsatz und ständige Verehrung. Auch sie sind Schicksalsmächte, denen die Ichlosen in großer, aber froher Ohnmacht begegnen. Froh vor allem deshalb, weil sie ihnen das Joch des Denkens abnehmen: sie sind die Garanten der Simplifizierung. Indirekt also auch die Garanten der Gemütlichkeit, sie schließen die Individuation aus, die Sprache gebraucht hätte, Begriffe. Heute, wo die Komplexität der Postmoderne im Fußvolk bereits überwunden ist von der neuen Simplizität, wird Sprache zusehends zu einem Monster aus unvordenklichen Zeiten, zu einem Dinosaurier, dem die Nakkenborsten ausgerissen und gebündelt wurden, um auf einem alpenländischen Trachtenhut als exotisches Andenken zu landen.
Die internationale Gegenwartssprache ist nicht Englisch oder Russisch, sondern die Computersprache. Es ist das Stammeln von Ja/Nein, von 1/2, von Schwarz/Weiß. Es ist das Stammeln einer Maschine, das Denken genannt wird. Nicht die Argumente sind verseucht, sondern das Denken selbst. Es ist radioaktiv geworden. Es strahlt, es verpestet die Länder, es bringt den unbemerkbaren Tod. Auf das unbemerkbare Leben folgt ein unbemerkter Tod. Es ist völlig beliebig geworden, was wir denken: es ändert nichts. Auch die Handlungen sind belanglos geworden, sie verschärfen nur den Druck der Konditionierung. Der demokratische Notstand ist eingetreten.

Je weniger gewählt wird, desto besser kann regiert werden. Die Nichtwähler sind nicht Sand im Getriebe, sondern Zufriedene. Die Demokratie schafft sich selbst ab: alle sind zufrieden mit ihr, also muß man sie gar nicht mehr wählen. Den Wahlwilligen suggerieren die Wahlkampfleiter, ihre Bestimmung selbst in die Hand nehmen zu können — sie können aus freien Stücken auch so werden, wie die Mehrheit schon geworden ist. Im Einklang mit dem Schicksal. Die Regierungen selbst sind in Wahrheit Schicksalsgemächte: sie verfügen nicht über sich selbst. Sie sind Sklaven von Zwängen. Sie sind die legitimen Vertreter der Mehrheit, die das Schicksal als Zwang verehrt. In Wahrheit, sagen die Regierungen, sind wir alle Opfer von Sachzwängen, also des Schicksals.
Zu befürchten ist, daß die Regierenden im Österreich der späten achtziger Jahre den Zustand der Regierten völlig adäquat repräsentieren. Zu befürchten ist, daß Österreich genau die Regierung hat, die es gewollt hat. Zu befürchten ist, daß für ein Drittel der Wahlberechtigten in Österreich keine Partei mehr wählbar ist; zu befürchten ist, daß sich in diesem Drittel fast alle Intellektuellen, Künstler, Denker und aufrecht leben Wollenden befinden. Zu befürchten ist, daß die Stimmung gegen diese Gruppen weiter angeheizt wird. Zu befürchten ist, daß einzelne ihren Haß gegen diese unkalkulierbaren Individuen wieder mit dem Mantel der Vaterlandsliebe verbrämen werden, zu befürchten ist, daß die Intellektuellen des ausgehenden Jahrhunderts die neuen Juden sein werden, denen die Schuld an der Misere der Arbeitslosigkeit, des Demokratieverlusts und des verlorenen Lebenswillens zugeschanzt werden wird. Zu befürchten ist das Heraufkommen einer Stimmung im Land, die der der späten dreißiger Jahre ähnlich ist. Zu befürchten ist nämlich, daß die, die sich der neuen Einfachheit der Realitätsinterpretation nicht beugen, als Nestbeschmutzer und Vaterlandsverräter ab-

gestempelt werden. Zu befürchten ist, daß die Emigration der Aufrechten nicht nur vor der Tür steht, sondern bereits eingesetzt hat. Zu befürchten ist, daß die Zahl derer, die in Neuseeland oder Indien oder Australien ihrem Schicksal danken, nicht mehr in Österreich leben zu müssen, steigt und steigt. Zu befürchten ist, daß die Hohlheit, die Lüge, die Dummheit, der stumpfe, selbstherrliche Selbstbehauptungswille als staatstragende Stützen einbetoniert werden. Zu befürchten ist, daß der Ausweg aus dieser gesellschaftlichen Depression, die durch ständige Verdrängung entstanden ist, nur mittels noch größerer Lügen, noch stärkerer Verdrängungen bis in die totale Selbstvergessenheit erfolgen wird — die Wahlkampfstrategen sind dem Ideologieverlust bereits auf den Fersen: sie bieten zwar keine neuen Inhalte, dafür aber bessere Verfahrensweisen an. Neue Methoden und Formen haben die Inhalte ersetzt.
Das kulturelle Selbstverständnis Österreichs am Beispiel ORF: Es ist Samstag, kurz nach 20 Uhr. Während sich in Österreich der Musikantenstadel auf beide Kanäle auswälzt, zeigt der Gastarbeiterstaat Jugoslawien zur selben Zeit im Sender Ljubljana 2 stundenlang ein deutsch gehaltenes Interview mit Mauricio Kagel und Ausschnitten aus seinen Werken. Diese Sendezeit wird Herr Kagel in Österreich nie haben. Schon deshalb, weil er sagt: »Man ist verpflichtet, Komplexität verständlich zu machen.« Er kann diese Sendezeit nie bekommen, weil hier keine Komplexität herrscht und daher auch nicht verständlich gemacht werden muß. Auf das Tschuschen-Niveau muß sich die Kulturnation nicht reduzieren. Wir haben unsere eigenen (Unterhaltungs-)Werte. Jugoslawien hat zwar Lipizzaner, aber keine Mozartkugeln, und selbst die Lipizzaner werden nicht richtig verwertet.
Das, was ist, soll sein, sagen die Traditionalisten, Individualität heißt Chaos. Ein Pluralismus von Lebensformen

würde einen Pluralismus von Regierungen nach sich ziehen. Der gesamte Pluralismus österreichischer Lebensformen wird von der Koalitionsregierung umfassend repräsentiert, ein Zweiparteiensystem ohne Linke und Rechte und daher ohne Mitte exkommuniziert alle Abweichler als artfremde Asoziale. Die Regierung ist die Mehrheit. Die Ränder der Mehrheit ersticken. Die toten Ränder werden einverleibt, als Parteileichen; die lebenden, die Intellektuellen, sollen auswandern. Die Ausgewanderten der dreißiger und vierziger Jahre sind den Österreichern nie abgegangen. Die jüdischen Mitbürger, die wir vorher anspucken, werden uns auch nicht in den neunziger Jahren abgehen. Die Kärntner Slowenen, die sich in Laibach mehr zu Hause fühlen als in Klagenfurt, kriegen eine einfache Freifahrt mit der ÖBB. Die Wehrdienstverweigerer sind Kriminelle im Auftrag Moskaus. Die Feinde des Draken sind staatsgefährdend. Die Gegner unseres Mülls sind Anarchisten. Die Gegner unserer Mülldeponien sind gekauft von der gegnerischen Mülldeponie. Die Gegner der Sozialpartnerschaft sind Gegner des Sozialstaates. Die Gegner des EG-Beitritts Österreichs sind Agenten des COMECON. Die Gegner des Fernsehprogramms sind die Gegner unserer Realität. Die Gegner der E-Wirtschaft sind die Neger der Energielosigkeit, die Indianer des Nicht-Aufstiegs.

Der Aufstieg sitzt Österreich im Nacken wie die Lüge. Der Wiederaufbau nach dem Krieg, so ist zu befürchten, hat den Wiederaufbau der Gesinnungslosigkeit gemeint. Das ist Österreichs Beitrag gegen den Sinnverlust der Welt: lieber gesinnungslos als sinnlos.

Österreich, das heute wie vor 50 Jahren im Krieg mit dem Geist liegt, stellt sich heute wie vor 50 Jahren als Militärregierung dar: Parteisoldaten — Befehlsempfänger der Klubs und Zentralen und Bünde — sitzen auf den Regierungsbänken im Parlament. Wenn Abstimmungen prekär werden, berufen sich Volksvertreter auf Befehlsnotstand, genannt Klubzwang. Was der Nation dient, beschließen Parteivorstand, Bünde, der ÖGB; der Klub gibt die Weisung aus, die Volksvertreter vollziehen. Das Parlament hat sich selbst aufgehoben, degradiert zur Showbühne, zur Volksbelustigung, zum Marionettentheater. Die Akteure bleiben hinter dem Vorhang.

Aus einer späteren Perspektive wird von der Politik der achtziger Jahre, was die Authentizität der Volksvertreter betrifft, vielleicht nur ein einziges Faktum übrigbleiben: ein Vorarlberger Bauernvertreter hat sein Mandat zurückgelegt und füttert jetzt wieder Kühe. Und vielleicht noch ein anderes: noch nie war die Zahl der qualifizierten Mitbürger, die sich weigerten, öffentlich politisch tätig zu werden, so hoch. Das Potential der besten Köpfe, die sich dem Staat verweigern, wächst. Sie verweigern, weil sie nicht mitschuldig werden wollen an der staatlich verordneten Selbstzerstörung des Individuums, weil sie nicht bereit sind, ihre Ansichten als reizvoll verpackte Parteiware medial zu präsentieren, weil sie nicht bereit sind, ihr Leben zu opfern für eine Öffentlichkeit, die darauf gedrillt ist, Verpackungen zu beurteilen. Weil sie nicht bereit sind, das Leben der Scheinhaftigkeit zu führen — obwohl auch die Verweigerung in die Irrealität führt, weil sie auf Scheinhaftes, das Realität beansprucht, reagiert: sie zerbricht nicht den Schein. Sie ist Wetterleuchten, wo Gewitter not täte, um die in den Sog der Beliebigkeit getrudelte Realität wegzuschwemmen. Wetterleuchten ist unvermutetes Licht in der Nacht; ein Licht, das das Vorhandene unwirklich erscheinen läßt, weil es zur unrechten Zeit zeigt, was ist. Am Tag strahlen die Illusionsmaschinen. Sie donnern lautlos.

Der Aufruf, im Jahr 1988 keine neuen Gräben aufzureißen, stammt von denjenigen, die seit Jahrzehnten die Vergangenheit zugeschaufelt haben. Österreich ist das Land der Berge des Vergessenen. Es ist an der Zeit, die Schutthalden, unter denen unsere Geschichte begraben liegt, erstmals abzutragen. Damit die Späteren vielleicht einmal aufrecht gehen können.

JOSEF HASLINGER

Der Umgang der Zweiten Republik mit Krieg und Faschismus

»Das arme deutsche Reich, für das Hitler verabsäumt hatte, das Dach zu bauen.« Dieser Ausspruch fällt in einer sechsteiligen Fernsehserie, die der ORF mitproduziert hat, angesichts der Luftangriffe auf deutsche Städte. Die Haltung dieses Satzes ist die Haltung der ganzen Serie, in der solche Kommentare in vielen Varianten vorkommen. Der ORF war mit den Einschaltquoten zufrieden und wir mit uns selbst. Solch häuslicher Fernsehfriede bildet ein sinnfälliges Ambiente für jenen kuhäugigen Umgang mit unserer Geschichte, der unter »Befreiung« tatsächlich nur die Befreiung von den Bombennächten versteht und aus dem heraus sich nicht das geringste Kriterium ergibt, warum man einen heimkehrenden SS-Obersturmbannführer nicht begrüßen sollte. Die Fernsehserie heißt »Die Deutschen im Zweiten Weltkrieg«, der geschichtskritische Beitrag des ORF beschränkte sich darauf, dasselbe Produkt unter dem Titel »Der Zweite Weltkrieg« auszustrahlen.

Das ist Geschichte, wie man sie gerne hat: Unsere Leidensgeschichte, unser Opfergang. Schaut hin, ihr jungen Ahnungslosen, das haben wir durchgemacht. Zuerst waren wir die Opfer eines politischen Umbruchs, gegen den zu wehren uns keine Chance blieb. Dann, als wäre das nicht schon genug, wurden wir die Opfer des Zusammenbruchs, einer regelrechten Einäscherung. Und doch sind wir vom Tode auferstanden. Wir, die Aufbaugeneration, haben eine fremde Zerstörungs-, Besatzungs- und Vergewaltigungsgeneration abgeschüttelt und das Land bis an den Rand der Seligkeit geführt. Und wir haben allen verziehen (mit Ausnahme jener Kommunisten, Juden und

Partisanen, deren Schandtaten noch fortbestehen). Wir haben, aufbauend auf dem Scherbenhaufen der Stunde Null, aus eigener Kraft eine neue österreichische Identität hervorgebracht. Und was ist der Dank dafür, daß wir den Kopf hinhalten mußten? Verleumdung und internationaler Rufmord. Ja, was hätten wir denn tun sollen?

Die Zweite Republik schuf ein neues Prinzip der Geschichtsdarstellung: Es galt, wenn es schon nicht gelang, die Vergangenheit zu vergessen, sie wenigstens für tot zu erklären. Eine Art Treibjagd wurde veranstaltet. Die Trophäen, Lehrstühle und Schulinspektorentitel, winkten denjenigen, die die schönsten Partezettel verfaßten. Vergangenheitsbewältigung wurde und wird das genannt. Das jüngst Vergangene wird gewaltsam in eine Distanz gerückt, in der es nur mehr als das ganz andere, als die Exotik fremder Quellenkunde aufscheint, aber nicht mehr als das Beunruhigende der Gegenwart, als aktueller geschichtlicher Auftrag. Es war und ist eine politische Strategie des Erinnerns um des Erinnerungsverlustes willen.

Warum überhaupt erinnern? Weil das Vergessen auch nicht gelingt. Aber nicht der Nationalsozialismus, sondern der Krieg ist jener virulente Stachel, jenes Unabgegoltene der Erinnerung, das es auch Jahrzehnte später im Mantel des Schweigens nicht aushalten kann und nach einer sogenannten Bewältigung ruft. Denn im Krieg wurden die Menschen, die die politische Kultur des Nationalsozialismus trugen, selbst Opfer. Die Trennung von Faschismus und Krieg hilft ihnen verschleiern, daß sie nicht nur Opfer der Fliegerangriffe und Granatwerfer wurden, sondern zuallererst Opfer ihres eigenen geschichtlichen Tuns.

Uns Nachgeborenen, die wir keine Mitgliedschaft in irgendeiner NS-Organisation zu verbergen haben, sollte es leichtfallen, über unsere Vergangenheit zu sprechen. Und doch ist es nicht so. Dazu hätte es einer lebendigen Tradition der Aneignung und Auseinandersetzung mit der eige-

nen Geschichte bedurft. Statt dessen errichtete die Zweite Republik ihre Realität im Schatten des Mythos. Es war der Mythos von der Stunde Null. Das war gut für die politischen Seelen und gut für die wirtschaftlichen Körper. Alles sollte wieder florieren, seine Abkunft war unerheblich. Anstatt uns vor jenem obrigkeitsstaatlichen Denken und Handeln zu warnen, das die NS-Verbrechen erst ermöglichte, wurden wir vor jenen gewarnt, die das obrigkeitsstaatliche Denken und Verhalten in Frage stellten. Die Vergangenheit galt als vergangen und die Nazilehrer galten als unersetzbar. Die Auseinandersetzung mit Faschismus und Nationalsozialismus wurde ein Vierteljahrhundert gänzlich von den Schulen ferngehalten. Politische Bildung wurde den oft noch gar nicht so alten Nazis an den Wirtshaustischen überlassen.
Die derzeitige Wiedererinnerung an den Faschismus, der das vierzigjährige Versäumnis als Zwanghaftigkeit zum vorschnellen und nichtssagenden Urteil anhaftet, zur begriffslosen Empörung, zur wohlfeilen Entrüstung, holt immerhin historisches Material aus dem Keller, dem ich mein Lebtag nicht begegnet bin, schon gar nicht in der Schulzeit. Als in den siebziger Jahren Zeitgeschichte endlich auf den Lehrplan kam, war der Nationalsozialismus zu einer positivistischen Faktenhuberei verkommen, gereinigt von allen Namen, Ereignissen und Wertvorstellungen, die da und dort eine Wiedererkennbarkeit im Gegebenen riskiert hätten. Wir haben Hitler gehabt, sagte mein Geschichtslehrer in der Unterstufe, die anderen haben Napoleon gehabt. Vom Geschichtslehrer der Oberstufe wurde, unserem geistigen Reifungsprozeß entsprechend, Napoleon durch Stalin ersetzt. Damit war die Sache erledigt. Heute weiß ich, daß solche »privaten« Erlebnisse sehr genau den österreichischen Nachkriegsweg markieren: Die einfachen Konsequenzen, die geistigen, wurden schon deshalb so gescheut, damit die komplizier-

teren Konsequenzen, die politischen, erst gar nicht bewußt wurden.
Der Austrofaschismus schien überhaupt nicht mehr als Variante des Faschismus auf, er war begnadigt zur sogenannten »Selbstausschaltung des Parlaments«. Dessen Exponenten, die für die Vorbereitung Österreichs auf den Nationalsozialismus wahrlich genug getan hatten, ließen sich im Konsensklima der Nachkriegszeit als erste österreichische Widerstandskämpfer feiern. Man überhäufte sie mit Auszeichnungen. Die tatsächlichen Widerstandskämpfer blieben unbeachtet. Es waren zu viele Kommunisten darunter. Ihr Beitrag zur Wiederherstellung Österreichs wurde schlichtweg ignoriert. Daß es auch die Österreichtreue unserer Kommunisten gewesen sein könnte, die Stalin bewog, jener aberwitzigen Idee zuzustimmen, ausgerechnet jenes Land wiederherzustellen, das all die Jahre davor in dieser Form gar nicht existieren wollte, kam den Großparteien bis 1988 nicht in den Sinn. Sie bezogen die KPÖ in den Ablauf des 50-Jahr-Gedenkens erst gar nicht mit ein.
Den ins Exil getriebenen Künstlern und Wissenschaftlern warf man Prügel in den Weg, damit sie möglichst dort blieben, wo sie, wie Figl einmal sagte, bequem in ihren Klubsesseln saßen, während andere für Österreich litten. Ihre Erinnerung an den Prozeß des sogenannten Anschlusses paßte nicht mehr ins neue Geschichtsbild. Österreich war nur noch Opfer. Das war der zweite Staatsmythos, der spätestens dann die Grenzen einer bloß außenpolitischen Taktik sprengte, als Figl von der neu gegründeten Bundesrepublik Deutschland Reparationszahlungen verlangte. Wir schicken Ihnen die Gebeine Hitlers, soll Adenauer geantwortet haben.
Wozu es eine kämpferische Arbeiterklasse gegeben hatte, war nach dem Faschismus unverständlich geworden und ist es bis heute geblieben. Die Geschichtsschreibung ging

sogar so weit, der Arbeiterbewegung die Schuld an deren Niederschlagung im Februar 1934 zu geben. Wenn aber die Weichen für Österreichs nationalsozialistische Zukunft nicht im Jahre 1938, sondern schon im Jahre 1934 gestellt wurden, liegt es da nicht nahe, der Arbeiterbewegung auch gleich die Schuld am österreichischen Nationalsozialismus zu geben? Dieses Paradebeispiel einer Geschichtsschreibung der Sieger, die am Schluß auch noch unschuldig dastehen möchten, findet Anhänger bis hinauf in die Politische Akademie der ÖVP. Woher sollen die Nachkriegsgenerationen dann wissen, was Faschismus heißt?

Das Seltsame ist, daß die Simulation von Faschismus und Nationalsozialismus, und zwar ihre besonders künstliche und künstlerische Repräsentation durch Bilder, Filme, Bücher, bei uns Nachgeborenen Betroffenheit und Ablehnung hervorzurufen vermögen, die diese Realität selbst bei den Zeitgenossen offenbar nicht bewirken konnte. Den Millionen von Ermordeten, Eingekerkerten und Erniedrigten standen nämlich, trotz fortschreitender Industrialisierung des Gesellschaftlichen, immer noch Millionen von Mördern, Helfern, Denunzianten und vielfältigen Vollziehern der faschistischen Politkultur gegenüber, die genau wußten, was geschah, und die dennoch mitmachten. Und weitere Millionen von Zuschauern, die oft nicht wußten, wobei sie zusahen.

Millionen wußten, was geschah. Aber wußten sie, wie ihnen geschah? Und wissen es wir heute? Wissen wir wenigstens, wie uns geschieht?

Es ist dies keine theoretische Frage, keine Seminarübung für Geschichtsphilosophen, sondern die zutiefst praktische, ganz und gar unser tägliches Leben betreffende Frage nach der Weise unseres geschichtlichen Handelns. Die Antwort darf, angesichts der möglichen Selbstzerstörung von menschlicher Geschichte überhaupt, keinem theoretischen Jahrhundertdiskurs überantwortet werden, sondern kann nur aus einer entschieden geschichtsbewußten Gestaltung des Politischen heraus erfolgen. Geschichtsbewußt, das heißt verantwortungsbewußt für die kommende Geschichte. Aber was heißt verantwortungsbewußt? Wie die Dinge stehen, muß ein fiktiver Überlebender des nächsten Massenmords dieselbe Frage noch einmal stellen: Wußten sie eigentlich, wie ihnen geschah? Wie sonst konnten sie das zulassen, gar darauf hinarbeiten, in politischen Systemen, die sie Demokratie und Volksdemokratie nannten?

Ich möchte meine Landsleute daran erinnern, daß die Österreicher, die nur 8,5 % der Bevölkerung des Nazi-Reichs ausmachten, eine überdimensional hohe Zahl an NS-Mordkommandanten stellten und daß etwa die Hälfte der sechs Millionen ermordeten Juden zu Lasten der Befehlsgewalt von Österreichern gehen. Kaum ein Konzentrationslager, in dem nicht an leitender Stelle Österreicher saßen, kaum eine Sondereinsatzgruppe, zu der sich nicht Österreicher freiwillig gemeldet hatten. Da war Ernst Kaltenbrunner, der Chef der Gestapo, Seyß-Inquart, der zuerst Österreich »heimführte« und dann mit einem Klüngel weiterer Österreicher die Niederlande »arisierte«, da war Franz Stangl, der Kommandant von Treblinka, Karl Fritsch, der Kommandant von Flossenbürg, da war Herbert Gerbing, der »Schlächter von Prag«, da waren Burger und Seidl, die Kommandanten von Theresienstadt, da war Odilo Globocnik, der zuerst Gauleiter von Wien war und dann Verantwortlicher für die Vernichtungslager Treblinka, Sobibor und Belzec, da war Sommern-Frankenegg, der Kommandant des Warschauer Ghettos, Franz Murer, der Herrscher im Ghetto Wilna, Eduard Roschmann, der Herrscher im Ghetto von Riga, da war, nicht zu vergessen, ihrer aller Chef: Adolf Eichmann.

Und doch wäre es ganz falsch, die Auseinandersetzung mit der eigenen Geschichte durch eine Personalisierung der nationalsozialistischen Macht zu betreiben und den Nationalsozialismus einfach als antihumanistische Mentalität einiger, und seien es österreichischer, Schlächter zu verstehen. Denn die menschenunwürdigsten und blutigsten Jahre der Weltgeschichte, an die sich viele Zeitgenossen entweder hilflos oder mit einer primitiv zurechtgebastelten Psychologie der Selbsterhaltung zurückerinnern, lassen sich nicht reduzieren auf den gewaltigen Aufstieg einer Verbrecherbande. Tatsächlich wurden diese paar Jahre Geschichte von Massen gestaltet: Millionen von Menschen, die an der Vernichtung von Millionen von Menschen mitwirkten, mitten im europäischen Kulturraum, unter Hochhaltung seiner Tradition, mitten in der Hochburg des abendländischen Christentums, das in diesem Gebiet, in unserem Gebiet, mit seinem obersten Grundsatz der Nächstenliebe über ein Jahrtausend zentraler Bestandteil der Kultur war.
Wie war in einer traditionellen Wertgesellschaft, in der sogenannten hochzivilisierten Welt, die grausamste aller Realisierungen von Geschichte möglich? Wie kann man nach Auschwitz noch Christ oder Humanist sein? Die vielgepriesenen abendländischen Werte, mit ihnen die christlichen, konnten sich offensichtlich nicht gegen die faschistische Praxis sperren. Sie waren dem persönlichen Seelenheil und dem staatlichen Siegheil gleichermaßen verbunden. Wer will da noch von Verantwortung sprechen? Auf Grund welcher Verpflichtung verantwortlich wofür? Fünfzig Millionen Schilling für den korrupten Finanzminister, fünf Tausender für den von den Nazis Vertriebenen (der sich ja immerhin auch für den Tod hätte entscheiden können) — das ist 1988 das Ergebnis politischer Verantwortung. Bliebe noch die moralische Verantwortung. Doch gerade diejenigen, die sie am häufigsten im Mund

führen, die Wertefanatiker Waldheim & Co., beweisen uns täglich, daß es sie nicht gibt. Oder doch? Ja, auf der Seite des Widerstands und nur dort. Nur im Widerstand war Verantwortung mehr als eine bloß innere Gesinnung, die von jeder politischen Sonntagsrede herbeizitiert werden kann. Einem dieser Sonntagsredner, Waldheim nämlich, ist es zu verdanken, daß dem österreichischen Widerstand gegen den Nationalsozialismus ausgerechnet im Gedenkjahr 1988 die republikanische Ehrentribüne versagt bleibt, weil sich dort die Pflichterfüller der anderen Seite schon eingenistet haben.

Christa Wolf schreibt: »Immer sind es die Opfer, die etwas über ihre Henker wissen; nie ist es umgekehrt.«

Der Nationalsozialismus ging nicht an seiner inneren Machtstruktur und der damit verbundenen millionenfachen Ermordung von Menschen zugrunde, also nicht daran, daß die Menschen sich massenhaft der abendländischen Werte besonnen und den Nazis die Gefolgschaft verweigert hätten, sondern er wurde von außen militärisch niedergekämpft. Ob er damit freilich wirklich zugrundegegangen ist, dieser Beweis steht noch aus.

Die zumeist nur rhetorisch gestellte Frage, wäre Hitler heute wieder möglich, hätte er gar leichtes Spiel, findet in Hinweisen auf Antisemitismus und Ausländerfeindlichkeit ihre zumeist auch nur rhetorische Bejahung. Antisemitismus und Ausländerfeindlichkeit können das Fortbestehen einer nazismusanfälligen Mentalität veranschaulichen, sind aber nicht deren politische Ursache. Es gibt sie durchaus auch auf der Seite der Opfer der Nationalsozialisten, zum Beispiel in Frankreich. Doch Le Pen ist nicht mit Hitler gleichzusetzen, auch wenn sich die Erfolge seiner Partei in manchen Städten mit denen der Nazis in den zwanziger Jahren vergleichen lassen.

Zum Nationalsozialismus gehört nicht nur eine Ausgrenzungsideologie. Es gehören vor allem dazu: Ökonomische

Voraussetzungen, die dieser Ideologie entgegenkommen, und politisch-kulturelle Voraussetzungen, die sie nicht verhindern können.
Wir haben heute dasselbe krisenanfällige ökonomische System, das nicht nur einmal seine Stabilisierung in der Unterstützung der Gewaltherrschaft suchte. Obwohl die Koalitionsparteien SPÖ und ÖVP etwa 80 Prozent der österreichischen Wähler repräsentieren, findet sich in der Regierung nicht ein einziger Politiker, der bereit wäre, unser ökonomisches und unser soziales System ernsthaft in Frage zu stellen. Soviel Vertrauen, der Politiker in die sich selbst regulierende Wirtschaft, der Bevölkerung in die Politiker, erfordert eine große Vergeßlichkeit. So wird Geschichte erneut zum Schicksal, für das niemand verantwortlich ist. Und der umgestaltende Mensch wird zum geschichtsvergessenen, obrigkeitshörigen Staatsbürger, zu jenem Typus von gelerntem Österreicher, der auch in der Zweiten Republik, ehe man es sich versah, alle politischen Gestaltungsmöglichkeiten blockierte.
Die mißlungene bürgerliche Revolution haben wir bis heute nicht nachgeholt, auch nicht auf dem Reformweg in der Ära Kreisky. Österreich ist politisch bis heute eine Mischung aus Feudalstaat und Ständestaat geblieben. Das Land wird beherrscht von einem hierarchischen Untertanengeist, der durch unglückliche Umstände Kaiser und Diktator durch Parteien ersetzen mußte.
Unsere Geschichte und unser persönliches Wohlergehen, so haben wir es von Kindesbeinen an gelernt, werden uns von oben geschenkt. Der Preis dafür ist gewöhnlich weder hoch noch unangenehm: Ein bißchen Anpassung, ein bißchen Wegschauen, Lob und Karriere durch ein bißchen Denunziation. Dafür liegen unsere Zeitungen ein bißchen leichter in der Hand und kommen nur mit einem bißchen Information aus. Zum überwiegenden Teil betreiben sie nach wie vor Hofberichterstattung.

Daß diese Haltung noch einen anderen Preis hat, nicht nur für die Opfer unserer Anpassung, unseres Wegschauens, unserer Denunziation, sondern auch für uns selbst, haben wir nicht einmal vergessen müssen. Die Zweite Republik wollte es nie so recht wissen. Durch unsere Unterwerfung unter das Führerprinzip der beiden Großparteien haben wir den Anspruch auf politische Mitgestaltung von Anfang an nicht wahrgenommen. Der Neubeginn war für die Bevölkerung vor allem ein Neuarrangement. So ist Österreich bis heute kein republikanisches Land in dem Sinne, daß die Staatsbürger Politik als ihre eigene Angelegenheit verstünden.

Zur Zeit wird dieser Grundzug der Nachkriegspolitik, ihre Josephinische Allmacht, ihr selbstgefälliges Delegierungsprinzip von oben, da und dort in Frage gestellt. Die Menschen beginnen sich der beruflichen und gesellschaftlichen Bevormundung durch Parteien- und Verbändeabsprachen zu widersetzen. Sie wollen selbst teilhaben an den politischen Entscheidungsprozessen. Der sozialkonservative Grundkonsens der politischen Eliten wird dadurch von unten, basisdemokratisch, durchlöchert. Anstatt sich darüber zu freuen, wie es einem Volksvertreter, der sich noch als solcher versteht, zur Ehre gereichen würde, proben unsere Politiker den Aufstand gegen jene, die Geschichte nicht den Exponenten der Parteien überlassen, sondern sie selbst mitgestalten wollen.

Republikanismus und Demokratie gibt es nicht von oben herab zu verschenken. Sie müssen von unten erstritten werden. Nicht nur weil die Opfer, die jede politische Entscheidung mit sich bringt, sonst immer nur jenen aufgelastet werden, die sich am wenigsten wehren können, sondern vor allem, weil nur das persönlich erstrittene und das persönlich geschätzte und hochgehaltene Recht auf politische Einmischung imstande ist, eine Tradition von demokratischer Selbstverständlichkeit zu begründen, in der die Frage, ob Hitler heute leichtes Spiel hätte, lächerlich wirken würde.

Die obrigkeitsstaatliche Mentalität wird in Österreich ständig bestärkt und reproduziert von einer widerspruchsscheuen Medienlandschaft, die sich als eine Art Trainingscamp für Geschichts- und Politikvergessenheit profiliert. Zur Unfähigkeit, über die Vergangenheit zu trauern, und zur Unfähigkeit, sich als politisch tätiger Mensch zu begreifen, kommt in Österreich inzwischen die Unfähigkeit zu lesen dazu. Die Druckmedien, die die Förderer und Verbreiter der alphabetischen Kunst- und Menschenbildung sein sollten, betreiben in Wirklichkeit eine Analphabetisierungskampagne, die inzwischen so weit gediehen ist, daß ihre Leser zur Lektüre der international angesehenen Zeitungen gar nicht mehr fähig wären, geschweige danach Bedarf haben. Selbst wenn man ihnen nicht unterstellt, daß sie Hitler mit offenen Armen empfangen würden, enthielte die Meinung, eine solche politische Entwicklung sei unwiederholbar, ein völlig unbegründetes Vertrauen, das eher geeignet wäre, einer solchen Entwicklung entgegenzuarbeiten, als sie zu verhindern.

Nicht eine geschichtliche Sicherheit ist anzustreben, sie wäre auch völlig illusorisch, sondern einfach eine politische Wachsamkeit, eine breite kritische Öffentlichkeit. Politik als öffentliche Auseinandersetzung, die zumindest dem Anspruch nach alle miteinbezieht. Statt dessen haben wir eine weitgehende Ruhigstellung des Volkes durch die Politiker und der Politiker durch das Volk. In dieser Situation könnten, mangels täglich erprobter politischer Sensibilität, die Anfänge einer autoritären Entwicklung glattweg übersehen werden, und man würde ihr erneut hilflos gegenüberstehen.

Politiker, österreichische Politiker und Politiker der Weltmächte, die auf Kritik und praktischen Widerstand nicht anders reagieren können, als den starken Mann zu spielen, sind nicht mehr akzeptabel. Politik mit Mitteln des 19. Jahrhunderts ist gerade durch unsere Geschichte, durch Faschismus und Nationalsozialismus, obsolet geworden. Man kann im Politischen mangelnde Intelligenz und mangelndes Feingefühl durch ein hohes Maß an Geschichtsbewußtsein ersetzen. Aber diese Lektüre ist in Österreich noch ausständig.

Immer noch ist Österreich dabei, alle Chancen, die sich diesem Land durch eine besondere Gunst der Alliierten 1955 eröffnet haben, sukzessive zu verspielen. Gerade weil Österreich als Kriegsmacht (zum Glück) belanglos geworden ist, hätte es die Chance, aller Welt eine Entmilitarisierung der Gesellschaft vorzuführen. Gerade weil Österreich keinem der Machtblöcke eingegliedert ist, bestünde hier die Chance, Schluß zu machen mit jenen Gaukeleien, mit denen Parteien auf Stimmenfang gehen, und statt dessen Politik zu machen als das, was sie in ihrer republikanischen Bedeutung einst sein sollte: Selbstorganisation einer kritischen Öffentlichkeit, die, von der kleinsten Einheit bis zur großen Staatspolitik, ihre Belange im Bewußtsein ihrer historischen Verantwortung vollzieht. Dazu bedarf es freilich erst der lange genug versäumten kulturellen und politischen Auseinandersetzung darüber, was historische Verantwortung überhaupt sein kann. Sicher keine abgemachte Erkenntnis zur Rechtfertigung der eigenen Besserwisserei, sondern eine ständig neu zu erringende und neu zu kritisierende Erkenntnis über die Weise unseres gegenwärtigen Vollzugs von Geschichte. Wir Nachgeborenen müssen uns mit diesem vierzigjährigen Versäumnis als mit unserer eigenen Gegenwart befassen.

Marie Luise Kaschnitz hat geschrieben: »Ob wir davonkommen, ohne gefoltert zu werden, ob wir eines natürlichen Todes sterben, ob wir nicht wieder hungern, die Abfalleimer nach Kartoffelschalen durchsuchen, ob wir getrieben werden in Rudeln, wir haben's gesehen. Ob wir nicht noch die Zellenklopfsprache lernen, den Nächsten belauern, vom Nächsten belauert werden, und bei dem Wort Freiheit weinen müssen. Ob wir uns fortstehlen rechtzeitig auf ein weißes Bett oder zugrunde gehen am hundertfachen Atomblitz, ob wir es fertigbringen, mit einer Hoffnung zu sterben, steht noch dahin, steht alles noch dahin.«

(Anm.: Der Beitrag von Josef Haslinger ist die überarbeitete Fassung einer Rede, die der Autor am 11. Mai 1985 im Burgtheater hielt. Einige Passagen wurden in das Buch »Politik der Gefühle. Ein Essay über Österreich«, Luchterhand Verlag 1987, aufgenommen.)

PETER HENISCH

Warum ich nicht will, daß Österreich untergeht

Meine Damen und Herren!
Wenn ich heute die Ehre habe, zu Ihnen als Vertreter des österreichischen Kultur- und Geisteslebens zu sprechen, so tue ich dies. In diesem wichtigen und hoffnungsvollen Augenblick ist es an der Zeit, der Unart falscher Bescheidenheit und allzu bedenklicher Selbstpreisgabe zu entsagen und in uns allmählich ein anderes heranzubilden, nämlich das HISTORISCHE BEWUSSTSEIN. Man hat uns Österreicher ein Volk von Phäaken genannt, der das gesagt hat, kann uns heutige Österreicher nicht geahnt haben. Dies darf wohl einmal rückhaltlos ausgesprochen werden, besonders in einer Stunde wie dieser.
Nein, geben wir Wildgans die Ehre, die ihm gebührt, und lassen wir ihn ruhen. Meine Damen und Herren, liebe und unliebe Landsleute, werte Trauergemeinde! Tatsächlich, die Probleme einer ANDEREN REDE ÜBER ÖSTERREICH beginnen schon mit der Anrede. Nachdem die sogenannte Majorität aber — das hab ich mir schon vorweg denken können — ohnehin nicht da ist, darf ich wohl sagen: Brüder und Schwestern im Geiste!
Werfen Sie mir, das hörend, nicht gleich elitäres Denken vor. Mein Denken, UNSER Denken, ist nur insoweit elitär, als zu befürchten steht, daß eine bestimmte, nicht ganz bestimmbare Art von Denken, jene nämlich, die nicht von vornherein »realistisch« oder »pragmatisch« sein will (oder wie immer die Sachwalter der Wirklichkeit ihre Abwehrhaltung der Möglichkeit gegenüber umschreiben, umREDEN), daß so ein Denken in Zeiten wie diesen, nicht nur in einem Land wie diesem, nicht NORMAL ist. Geist

ist nicht das, was man auf NORMALE Art mitkriegt. So wie wir hier sitzen, sind wir ABNORMALE.
Auch das mag in anderen Ländern nicht anders sein. Obgleich man zum Beispiel von Frankreich hört, daß es seine Intellektuellen traditionellerweise schätzt. Man hört allerdings auch anderes von Frankreich, über eine gewisse (neue/alte) Rechtstendenz der Unzufriedenheit zum Beispiel und über einen Demagogen, der sie teils produziert, teils von ihr profitiert — das ist halt die volks- und völkerverbindende Ähnlichkeit. Aber was die Intellektuellen betrifft, so haben wir — das ist die differentia specifica — eine ganz andere Tradition.
Wiewohl es, wenn unsere Polit- & Fremdenverkehrsmanager nicht gerade aufs Jodel- & Dodelimage oder (was gut gegangen ist, solang einem in Zusammenhang damit nicht andere Rösser eingefallen sind) auf ein Lipizzanerpferd setzen, immer noch vorkommen kann, daß sie Österreich als Kulturnation anpreisen. Erst jüngst, bei der EUROPALIA, haben sie mit diesem Image gefuchtelt. Es ist ja auch wahr: dieses Land hat eine Menge Geist und Kultur hervorgebracht. Ob wir deswegen NOCH oder SCHON eine Kulturnation sind, scheint mir allerdings sehr die Frage.
Oder finden Sie es nicht auch fragwürdig, eine Nation — ich weiß, der Begriff ist verfänglich, ich will aber dennoch nicht nur arbeitshypothetisch, sondern auch postulatorisch von einer ÖSTERREICHISCHEN NATION sprechen — bloß deswegen als Kulturnation zu bezeichnen, weil sie zur Heimat einer tatsächlich nicht unerheblichen Zahl sogenannter großer Söhne geworden ist? Die Töchter — obgleich der Text unserer Bundeshymne von einer Tochter stammt — reimen sich nicht, aber auch die Söhne betreffend hört, wer nur einigermaßen feine Ohren hat, den falschen Ton. Die Frage (Zusatzfrage zur ersten), wieso und wie sehr diese Heimat großer Söhne vor leider noch im-

mer nicht ganz vergangener Zeit einer Barbarei anheimgefallen ist, die keineswegs nur Okkupation war — einer Barbarei, die sich rein physisch gegen viele und geistig gegen fast alle großen Söhne und Töchter gerichtet hat, die da so wohlweislich vage besungen werden —, diese Frage wäre mir in der Vorzeit, die nun, im Vergleich, viel rosaröter wirkt, als sie je sein konnte, nicht so schrecklich zeitgemäß vorgekommen. Indessen — die Zeiten ändern sich. Und uns.

Ja, von Kultur soll vorerst die Rede sein. Von den Österreichern und ihrer Kultur, von Österreich als Kulturnation, von der Fragwürdigkeit dieses Klischees. Der Durchschnittsösterreicher, den es hoffentlich nicht wirklich, sondern nur in sogenannten Umfrageergebnissen gibt, liest — ich merke mir solche Zahlen ungern — weniger Bücher pro Jahr, als sich an den Fingern einer Hand abzählen lassen. Aber vielleicht zählt er, der Durchschnittsösterreicher, nicht mehr auf so anachronistische Weise, sondern verwendet für solche Operationen seinen Taschenrechner.

Immer hoffend, daß dieser Typ eine statistische Mystifikation ist, fürchte ich doch manchmal, ihm auf Schritt und Tritt zu begegnen. Ganz abgesehen von anderen Typen, denen ich auf Schritt und Tritt zu begegnen noch viel mehr fürchte, aber vielleicht sind Typ 1 und Typ 2 schon morgen derselbe, zumindest der gleiche. Von der hierzulande verbreiteten Auffassung von Kultur will ich sprechen und vom Zusammenhang dieser m. E. falschen, weil eindimensionalen Auffassung von Kultur mit der Politik. Sofern von Kultur in Zusammenhang mit Politik überhaupt noch die Rede sein kann und darf.

Die bürgerliche Kultur? — Vor wenigen Wochen haben wir exemplarisch erlebt, was einem Politiker widerfährt, der im sogenannten bürgerlichen Lager auf Kultur setzt. Nur RANDGRUPPEN anzusprechen, das war — darauf ha-

ben die Parteifreunde ihren wenigstens mit einem Fuß aus der Reihe tanzenden Abweichler aufmerksam gemacht — ein schwerer taktischer Fehler. Und eine ANDERE Art von Kultur? Etwa die sozialdemokratische? Das war einmal, hört man, beziehungsweise liest man, falls man noch liest, in den zwanziger und dreißiger Jahren:
Daß sich die sozialistische Bewegung zentral und nicht nur sehr peripher zu ihren AUCH kulturellen Anliegen bekannt hat. Arbeiterkultur, das war, hört man, liest man, eine große Idee. Inzwischen gibt es die Arbeiter nicht mehr, die damals gemeint waren (was in vieler Hinsicht tatsächlich ein Fortschritt ist), aber der arbeitende Mensch in unserer Zweiten Republik ist so lange und so konsequent als Konsument interpretiert worden, bis er — seiner Produktivität ohnehin nicht mehr recht trauend — sich selbst nur mehr als solcher interpretiert hat. Und was Konsumentenkultur ist, das kann man vergessen.
Das heißt, man kann es — so gern ich das möchte — nicht. Vor Jahren, als alles noch HALB SO SCHLIMM war, habe ich einmal, damals noch Journalist, den Unterhaltungschef des österreichischen Fernsehens interviewt. Am Samstag, sagte er ungefähr zu mir, müssen wir ja den größten Blödsinn senden, weil da schauen die meisten Leut. Das ist Kulturpolitik — inzwischen ist das Angebot reicher geworden, und die sogenannten meisten Leut müssen, um sehen zu können, für wie blöd sie gehalten werden, nicht erst auf den Samstag warten.
Die hierzulande verbreitete, landläufige Auffassung von Kultur nämlich ... Nein, ich muß diesen Satz unterbrechen, relativieren ... FALLS, muß ich sagen, eine Auffassung über solche Sachen in unserem Land überhaupt noch verbreitet ist ... Und WENN das Wort LANDLÄUFIG in diesem Zusammenhang nicht unangebracht, weil viel zu naiv wäre:
So, als liefe da etwas landauf landab, von Haus zu Haus,

und die Familien, die auf Wunsch der zuständigen Ministerin in Verfassungsrang erhoben werden sollen, fragen sich, das heißt ihre Mitglieder fragen einander, am trauten Fernsehfeierabend: WAS IST DAS, KULTUR? Was werden sie, FALLS und WENN wohlgemerkt, also was WÜRDEN sie, stellten sie einander derartige Fragen, denn einander antworten? —: Kultur ist das Alternativprogramm zum Sport. Und da fällt dann die Wahl nicht schwer, was ein- und was auszuschalten ist, zwar behauptet der Infratest, daß es — konträr — jetzt mehr Kulturfreaks, also KulturKRÜPPEL gibt, zum Unterschied von gesünderen Menschen, die, natürlich wie sie sind, den Sport sehn — die Botschaft hör ich wohl, allein mir fehlt der Glaube.
Was ein- und was auszuschalten im NATIONALEN Interesse ist, das jedenfalls, liebe Mitkrüppel, steht außer Diskussion. Denn WOBEI mitzumachen wird uns denn gerade am Nationalfeiertag nahegelegt und WOBEI sind schon ganz andere Bundespräsidenten als der, den wir jetzt haben, vorausmarschiert(?), richtig: nicht etwa beim massenhaften Besuch der heimischen Bibliotheken — obgleich sich die Nationalbibliothek da schon wegen ihres Namens anbieten würde, aber die städtischen Bibliotheken täten's auch —, sondern beim FITMARSCH! Kultur, wollte ich sagen, wird hierzulande, wenn überhaupt, als Exklusivprogramm, als Spätprogramm, als Minderheitenprogramm verstanden oder — belästigt man dennoch breitere Kreise damit — als etwas, das gefälligst schön sein soll, denn dafür, das wissen die Österreicher, die noch die Bundeshymne auswendig können (gewiß auch schon eine Elite), dafür sind wir (das Volk) begnadet. Und dieses Schöne hat mit dem häufig schiechen, weil kritischen (wird übersetzt mit: zersetzenden, manchmal sogar: nestbeschmutzenden) Intellekt lieber nichts zu tun.
In solchen Urteilen haben wir Österreicher was Deutsches. Aber die Deutschen wissen schon länger wieder,

daß sie Intellektuelle haben — die Österreicher kommen gerade erst jetzt wieder drauf. Intellekt, das haben so manche von uns schon lange geahnt, ist, wenn schon nicht etwas Undeutsches, so wenigstens etwas zutiefst Unösterreichisches. Die österreichischen Intellektuellen (erst im Zuge der Identitätskrise, die wir seit etwa zwei Jahren durchmachen, nimmt eine erschrockene bis empörte Öffentlichkeit von der sie überraschenden Existenz dieser widersprüchlichen, WIDERSPRECHENDEN Spezies Notiz) erfreuen sich, kaum daß sie auffallen, einer kreuz und quer durch die Klassen reichenden Unbeliebtheit.
In der Ablehnung gegen sie ist Österreichs Gesellschaft (das läßt sich fast täglich in den Presseorganen des großen und kleinen Horizonts nachlesen) beinahe klassenlos. Wenn WIR, mehr oder minder intellektuell, wie wir hier sitzen, einen Aufruf für oder gegen etwas unterschreiben, so können wir sicher sein, daß wir damit dem Gros unserer Mitbürger die jeweils gegenteilige Haltung nahelegen. Stellen Sie sich ein Wahlplakat vor, auf dem beispielsweise die Parole steht: WIR WOLLEN DEN INTELLEKT DER ÖSTERREICHER ANSPRECHEN! Hätte man nicht einen Funken Hoffnung, daß man sich in solchen Vor-Urteilen doch irrt, und wäre die Kapitulation vor dem Ungeist, der, wie sich eben wieder erweist, flugs in die geistfreie Zone, das geistige Vakuum (von Geist, würde Nestroy sagen, kann keine Rede sein) vorstößt, wäre diese Kapitulation, den Erfahrungen früherer Generationen gemäß, nicht noch schlimmer — wir müßten, um die Re-Aktion der NORMALEN aufs AB-NORMALE nicht zu provozieren, mit vorauseilender Resignation in die zumindest innere Emigration gehen und den Österreichern — — was schweigen.

Als ich diese Rede — eine ANDERE REDE ÜBER ÖSTERREICH — zu konzipieren begonnen habe, war ich nicht in

Österreich, sondern in Italien. Aus einer gewissen, wenn auch nicht allzu großen Ferne hab ich mir überlegen wollen, inwieweit eine ANDERE REDE ÜBER ÖSTERREICH auch und im realutopischen Endeffekt eine REDE ÜBER EIN ANDERES ÖSTERREICH sein könnte. Aber so einfach ist das nicht — das EINE Österreich, jenes, zu dem man Distanz braucht, um sich ein ANDERES vorstellen zu können, jene Negation, die man als solche setzen muß, um eine Position zu gewinnen, es hängt einem nach. Es HÄNGT einem nicht nur, nein, es KOMMT einem nach — alle Wege führen nach Rom.

Stimmt schon, dieses EINE Österreich, dessen Repräsentant damals nach Rom geschickt worden ist, um dadurch endlich so sakrosankt zu werden, wie ihn seine Verteidiger schon vor allen Angriffen haben wollten, ist Gott sei Dank nicht das EINZIGE. Die Mehrheit, die dafür war, daß wir dagegen sind, gegen die Einmischung aus dem Ausland nämlich, besonders von seiten sattsam bekannter und für gewöhnlich zu gut informierter Kreise, war nur eine wahlarithmetische. Die Mehrheit, die DAgegen war, und die ich meinen italienischen Freunden, einer entlastenden Auflistung aus dem FALTER folgend, vorzurechnen versucht habe: soundsoviele NICHTWÄHLER, WENIGSTENSNICHTwähler, aus einem etwas schlampig gehandhabten Prinzip Hoffnung, zum progressiven, das heißt, übersetzt ins Österreichische, wenigstens nicht reaktionären, wenigstens nicht gar so reaktionären, Flügel schlagend, und mit diesem Flügel läßt sich dann flattern: diese Mehrheit war nicht einmal wahlarithmetisch, denn sie hat bei der Wahl, an deren Ergebnis wir nach wie vor leiden wie an einem medizinischen Untersuchungsergebnis, bei dieser fatalen und ominösen Wahl also hat diese sehr theoretische Mehrheit überhaupt nicht gezählt. Und daß die erträglichere Hälfte des EINEN, EINZIGEN Österreich, das wir momentan haben, weit davon entfernt, je-

nes ANDERE Österreich schon zu sein — auch wenn ich, mich selbst dazuzählend, nicht nur indem ich diese Rede halte, eine winzigkleine Potentialität in dieser Richtung nicht in Abrede stellen will —, daß diese erträglichere, bleiben wir optimistisch und sagen wir: Hälfte, so halbwegs erträglich wirkt, verdankt sie, darüber dürfen wir uns nichts vormachen, dem Kontrast (ich bitte Sie ausdrücklich, sich's nicht zu leicht zu machen, indem Sie diesen weitschweifenden Satz im zu engen Sinne parteipolitisch mißverstehen).
Wie dem auch sei mit den ungefähr 50%, die alles nur HALB SO SCHLIMM erscheinen lassen. Auch Leichtgewichtler — politische, moralische, geistige — können ein Land so belasten, daß es, ehemals für eine Insel der Seligen gehalten, immer tiefer zu sinken droht und dadurch zum Depressionsgebiet wird für diejenigen, die sich auch nur ein Mindestmaß an Sensibilität (und die ist, nebenbei bemerkt, nicht bloß eine Eigenschaft des Herzens, sondern auch eine des Gehirns) bewahrt haben. Der Depression, die das Leben- und Überlebenwollen in einem derart belasteten, ÜBERlasteten Land auslöst, entkommt man dann nicht einmal, wenn man sich vorübergehend in ein der kommunikativ-renitenten Mentalität, der anarchisch-demokratischen Tradition und der überwiegenden Qualität seiner Presse, die ihre Leser, zur spezifischen Differenz vom Gros der unseren, nicht für blöd, sondern — sieh da, das ist möglich! — für intelligent hält, wenn man sich also vorübergehend in ein in mancher Hinsicht tatsächlich GANZ ANDERES Land absetzt. Warum? Weil man, wenn auch mit eher verschlungenen Wurzeln, die nolens volens gedehnt, aber nicht abgerissen sind, an DIESEM EINEN Land hängt, und sei es aus bloßer Gewohnheit, und sei es aus einem Mißverständnis heraus, das darin besteht, Österreich, genauer die Österreicher, ein halbes Leben lang für im großen und ganzen tolerant, human, weltof-

fen und sympathisch gehalten zu haben (Sympathie heißt laut Lexikon Zuneigung zwischen Menschen auf Grund ähnlichen Denkens und Empfindens).
In solche oder ähnliche Gedanken versunken hab ich sie dann vor mir gesehn, diese Insel im Bolsenasee. Die Silhouette dieser Insel, das ist mir schon früher aufgefallen, sieht aus wie die Landkarte von Österreich. Sieht aus wie die Wetterkarte von Österreich, etwa die in unserer täglichen Kronenzeitung — besonders wenn dahinter, hinter dieser Österreichinsel, die Sonne versinkt. Nur steht dieses Österreich schon halb unter Wasser. Sie müssen sich das, liebe Inselbewohner, bildlich vorstellen, sinnlich und bildlich, sinnbildlich. Ein Zipfel Vorarlberg schaut noch über den Seespiegel, Salzburg, Wien, sogar Eisenstadt sind noch über Wasser, immerhin. Mit Kärnten zum Beispiel sieht es allerdings schlimm aus. Indes — man soll den Vergleich im Detail nicht überstrapazieren. Ich hab mir gedacht: man müßte das fotografieren. Und ein Plakat müßte man machen aus diesem Foto, das sollte man DAHEIM, hab ich wohlgemerkt, trotz allem, gedacht, affichieren. Was aber soll man draufschreiben auf das Plakat?
LASST UNSER ÖSTERREICH NICHT GANZ UNTERGEHN!
Ich habe — als Sohn des Fotografen von einer Allergie gegen Fotoapparate geplagt, über die ich mich selten hinwegsetze — keine Kamera mitgehabt, also ist nichts aus dem Foto, nichts aus dem Plakat geworden. Aber beim Wiederlesen der Notizen von damals, hingeschrieben aus einem Gefühlsgemisch von ungläubigem Staunen und traurigem Amüsement, von Wut und — ja sicher — auch Scham über das, was von jenseits der Alpen, den Besuch jener Österreich so fragwürdig repräsentierenden Delegation flankierend, zu hören und zu lesen war, stelle ich mir heute, da wir gerade Pakistan beehrt haben, denn von Isolation, geschätzte Insulaner, kann keine Rede sein, nicht ganz dieselben (einiges, will mir scheinen, hat sich verbes-

sert, und der Wasserstand, der die Insel Österreich zu überfluten gedroht hat, ist — hoffentlich hält diese Tendenz vor — um ein paar Zentimeter gesunken), aber ähnliche Fragen. Liegt Österreich nicht am Meer? (Frage der Frau des Fischers, der mich zur Insel gebracht hat.) Nein, das schon lang nicht, außerdem war das gewissen Quellen zufolge Böhmen.
Ich weiß, das wird manchen klingen wie Heinrich Heines Nordsee, nur südlicher. Und Heine, der war doch kein Österreicher, nicht einmal ein falscher. Und außerdem konnte ihn Kraus (auch kein richtiger) nicht leiden. Aber ein Nestbeschmutzer war er, immerhin ein Nestbeschmutzer.

Feine Verwandtschaft! Bin also auch ich unter die Nestbeschmutzer geraten. Und dabei HAB ich mich doch bis vor kurzem (schon längerem) noch ganz wohlgefühlt in meiner österreichischen Haut! Das ist auch eine Notiz, allerdings nicht von mir, nicht UNMITTELBAR von mir. Es ist die Notiz einer Identifikationsfigur.
Allerdings scheint es mir durchaus angemessen, von Identifikationsfiguren zu reden im Rahmen einer Rede, in der es um eine (nicht zuletzt um MEINE) österreichische Identität geht. Die eben erwähnte Identifikationsfigur heißt Max Stein, ist ungefähr so alt wie ich, allerdings, in Folge von Umständen, die wir bis vor kurzem für passé gehalten haben, geboren in Quebec, Canada. Dieser Stein will nichts anderes sein, als ein guter Österreicher, aber eines Tages in unserer gegenwärtigen Vergangenheit fängt er an zu bemerken, daß er das nicht mehr so ohne weiteres sein kann. Und trotzdem: ganz einfach hinaus zu fahren aus dieser Haut, das gelingt ihm auch nicht.
Steins Paranoia (so wird das Buch heißen) — nur STEINS: PARANOIA? Mit meiner eigenen, österreichischen, Identität — wie ist das? Tatsächlich hab ich auf diese, hiemit in

Frage gestellte Identität zeit meines bisherigen Schriftstellerlebens Wert gelegt. Zum Unterschied von manchen Kollegen wollte ich nie ein deutscher Dichter sein, immer ein österreichischer Autor. Das wollte ich sein bis in die Sprache hinein. Oder auch aus der Sprache HERAUS, jener ÖSTERREICHISCHEN Sprache, die für mich ebenso real war wie die österreichische Geschichte, die österreichische Mentalität. Viele (die meisten) der Protagonisten, die ich gefunden oder ERfunden habe, sind Österreicher. Das heißt: genaugenommen (und exemplarisch) sind sie Wiener und noch genauer genommen (noch exemplarischer) wienerische Außenseiter.
Stimmt: wahrscheinlich habe ich Wien mit Österreich und — vice versa — Österreich mit Wien verwechselt. Noch dazu (trotz meiner Vorliebe für die Peripherie als nicht nur äußere, sondern auch innere Stadtschaft, Landschaft, Gegend des Gegensatzes, des Widerspruchs) mit einem urbanen, an der Donau gelegenen Wien, das es in Zeiten wie diesen, an einem Ort wie diesem, nicht mehr gibt. In Zeiten wie diesen, an einem Ort wie diesem, da und wo die Provinz, Anton Kuh steh mir bei (!), wieder vorzudringen im Begriff ist. Eine Provinz, die man bitteschön — da dürfen sich die gescherten Wiener nicht abputzen — nicht allzu simpel mit den österreichischen Bundesländern verwechsle.
Ja, liebe Mitgefährdete, ich habe mich, das kann man, das kann ich, anhand meiner literarischen Identifikationsfiguren, Identifikationsgegenden nachweisen, die ganze Zeit über als Außenseiter gefühlt, allerdings als mehr oder weniger akzeptierter. Wie — dem Wesen ihrer Tätigkeit oder Untätigkeit entsprechend, die, im doppelten Sinn des Wortes, kritisch ist und, ebenfalls im doppelten Sinn des Wortes, Distanz braucht — fast alle, ich verwende bewußt diesen unösterreichischen Terminus — Intellektuellen. Aber kann man sich denn in Österreich überhaupt noch

als akzeptierter Außenseiter fühlen, als wohlgemerkt: AKZEPTIERTER: AUSSENSEITER, und ist das, ein in Österreich akzeptierter Außenseiter sein zu wollen, nicht ein Unding, ein Unwunsch, eine contradictio in se? Und wenn man es immer noch kann — wie lang wird man es noch können?

»Wenn die Dummheit«, sagt Musil, »nicht dem Fortschritt, dem Talent, der Hoffnung oder der Verbesserung zum Verwechseln ähnlich sähe, würde niemand dumm sein wollen.« Das sagt Musil (solche Aussprüche bleiben gegenwärtig) 1937, allerdings schon sich selbst zitierend, denn zu Papier gebracht hat er's bereits ein paar Jahre vorher. »Das ist 1931 gewesen; und niemand wird zu bezweifeln wagen, daß die Welt auch seither noch Fortschritte und Verbesserungen gesehen hat!« Wie dem auch sei — bis heute jedenfalls sieht (und nicht bloß bei uns ...) die Dummheit häufig nur mehr sich selbst ähnlich. Oder allenfalls der Bosheit.
Ich sage: nicht bloß bei uns — und trotzdem kann man das Wachsen, Grassieren solcher Dummheit letzthin gerade hier wie im Reagenzglas beobachten. Daß die hiesige Dummheit in gewissen Zeitungsschlagzeilen, Artikeln, Kommentaren und Kolumnen im wahrsten Sinne des Ausdrucks ZUM AUSDRUCK kommt, ist zwar schon lange erschreckend, aber alltäglich. Das Erschrecken darüber war bis vor kurzem (schon längerem) das alltägliche Erschrecken, an das sich auch Leute, die über so etwas überhaupt noch zu erschrecken imstand waren, schon einigermaßen gewöhnt hatten. Eine Dummheit, über die und mit der aus den spezifisch österreichischen Winkeln von Politik, Wirtschaft und sogenannter Gesellschaft berichtet wird: die hierzuland alltägliche Dummheit. Auch ist diese Dummheit oft, sogar meist, mit einem gewissen Quantum Bosheit versetzt gewesen. In jenen Tagen jedoch, in denen

unsere neueste österreichische Identitätskrise begonnen hat — und, liebe Landsleute, geht es Ihnen damit nicht ebenso wie mir, kommt Ihnen das nicht auch schon so allzu lang vor? —, ist aber ein derartiges Quantum Bosheit hinzugekommen, daß beide, die Dummheit und die Bosheit miteinander, einen qualitativen Sprung getan haben. Außerdem sind sie, die Bosheit und die Dummheit, früher gewissermaßen zerstreut gewesen. Jetzt aber sind sie dabei, sich zu konzentrieren.

Das heißt, mag sein — ich habe, Optimist, der ich trotz allem, trotz alledem bin, diese Hoffnung schon vorher, Ihnen die Vision der Insel im Bolsenasee vermittelnd, geäußert —, mag sein, daß die Tendenz in den letzten Wochen leicht rückläufig ist. Das einmal angenommen ist sie aber, wohlgemerkt, vorläufig rückläufig, und da wir es mit einem Gemisch aus Dummheit und Bosheit zu tun haben, bösartiger Dummheit, gefährlicher Dummheit, die da in der Luft liegt und das Klima in unserem Land derart verbittert, vergiftet, daß man kaum mehr frei atmen kann, sollten wir uns nicht zu früh entwarnen lassen. Der Punkt, an dem die Quantität dieses Dummheits-Bosheits-Gemischs zureichend nachläßt, so daß sie als Qualität wieder unter den ohnehin viel zu hoch angesetzten Grenzwert zurückspringt, wonach wir immerhin befreit aufatmen könnten, ist noch lang nicht erreicht. Daß dieser Punkt erreicht wird, dazu sollten wir das Unsere beitragen.

Denk ich an Österreich in der Nacht, dann bin ich um den Schlaf gebracht — tatsächlich. Hier und anderswo: in manchen Nächten brauche ich das Radio erst gar nicht aufzudrehen, um gewisse Nachrichten zu hören. Zum Beispiel die: Nach den etwas überraschenden Ergebnissen der vorverlegten Nationalratswahl sind Koalitionsverhandlungen aufgenommen worden. Beide Parteichefs der aller Wahrscheinlichkeit nach koalierenden Partner haben ihre prinzipielle Übereinstimmung in grundlegenden Fra-

gen bekanntgegeben. Daß die Juden vor 2000 Jahren in einem Schauprozeß Jesus Christus zum Tode verurteilen haben lassen, weil er nicht in das Konzept der damaligen Herren von Jerusalem gepaßt hat, darüber besteht ein traditioneller Konsens, darüber braucht man gar nicht mehr zu diskutieren. Aug um Aug, Zahn um Zahn, diese talmudische Grundtendenz ist halt nicht unsere europäische Auffassung. Über die Existenz von Gaskammern im Dritten Reich verbindliche Aussagen zu treffen, ist weder möglich noch wünschenswert. Das müssen wir — wenn überhaupt wem — den Historikern überlassen, die neue Koalition wird sich nicht der Vergangenheit, sondern der Zukunft zuwenden.
Der Chef der noch immer, wenn auch mit hauchdünner Mehrheit, stimmenstärksten Nationalratsfraktion hat es nicht für nötig erachtet, seine Haltung respektive die Haltung seiner Partei in diesen Fragen zu rekapitulieren. Es bestehe wohl kein Zweifel, daß er und die Seinen mit den in diesem Zusammenhang getätigten Aussagen nicht übereinstimmen. Indes: Politik, darauf muß man bei dieser Gelegenheit schon hinweisen, ist eine in Hinblick auf ihre Machbarkeit pragmatische Angelegenheit. Das heißt (ohne überflüssige Emotionen): man wird sich und muß sich alle Optionen offenhalten.
Das sind aber, werden Sie sagen, erst die Nachrichten von morgen!
Hoffentlich. Hoffentlich NICHT. Aber die Gegenwart ist der Übergang der Vergangenheit in die Zukunft.
Und wo bleibt, werden Sie fragen, das ANDERE Österreich, von dem doch, wenn wir uns recht erinnern, im Fluß dieser Rede auch irgendwann einmal die Rede war?
Das war eine Rede an Österreich; das war eine Rede an dieses ANDERE Österreich; dieses ANDERE ÖSTERREICH sei nicht nur angeredet, sondern auch aufgerufen!

MARIE-THÉRÈSE KERSCHBAUMER

Verehrte Mehrheit

so ist es: ihr habt nun das erfüllt, was eure schlimmsten Feinde euch gewünscht und eure falschen Freunde abgeleugnet haben. in Wahrheit wurdet ihr betrogen, in Wahrheit habt ihr nichts zu hoffen, nichts worauf ihr warten könnt. ihr ohne Zukunft. oder doch. die ganze leere Zukunft steht vor euch. ewige Ödnis. Langeweile. die ungebrochene Herrschaft lebzeitlose. Glauben, daß das ewig bleiben muß. verkommene Klugheit, immer dagewesen sein. verklebte Augen, abgestorbene Sinne, taube Nuß. Alleswisser, Alleskönner. Nichtswisser, Nichtskönner. verschlagene Ohren, blinde Augen, fahle Haut. Zahnlükken, Lückenbüßer, feiger Sack. Pferdeschinder, Dienstbotenhasser, Abkömmlinge von Dienerschaft. in Scharen vor den Toren an dem Fluß. Landstreicher, Lebzelter, Slowenenhasser. nichts, worauf es ankommt, stellt ihr dar. Darsteller, schweigendes Gemäuer, Turm und Tor. kleingläubig, nichts erträumen, Abfall, Müll und grenzenlos Verwesung. Landräuber, Munddiebe, Augentod. ihr glaubt nichts. Lügengläubiger.
welche Lügen? weshalb? ein jedes Wort vor euch gerinnt zur Lüge. Hunger, Durst, Kälte, Hitze, Einsamkeiten. Lügenware, Ausverkauf, verraten und verkauft. Selbstverkäufer, Roßtäuscher, Bravorufer, Beifall und Richtstatt: johlende Voyeure des eigenen Untergangs. einen Karren, sagt ihr, hinauf damit und Pfiffe, wenn kahlgeschoren SIE vorbeizieht. ihr wißt schon, wen ich meine.
ihr sagt, so ist es nicht? ihr sagt, ihr seid es nicht gewesen? wer dann? habt ihr es denn verhindert? habt ihr nicht weggesehn? weggehört? schon beim Schmerz der eigenen Kinder, der eigenen Fraun? und bei den andern? Pillen-

schlucker, Frauenhasser, greinende Versehrte! vor jedem Händler auf dem Bauche kriechen, dann lachen, fingerzeigen. hämisch grinsen: seht unsere LANDESHOHEIT, wie überlebt die aussieht, wie eine Arbeiterin! ab mit IHR, über die Grenze. und das PROBLEM der Neutralität muß *auch* gelöst werden. dann dreckige Finger herzeigen, als sei auch *das* Arbeit. und eure Präsidenten, wörtlich: im Kreis der Völker sind wir gar sehr mißachtet, wir sind so klein, wir sind so bein. wie bitte? nein, vom jetzigen Präsidenten ist hier nicht die Rede.

Stellvertreter, Wiederholungstäter. Leugner, Christen, Leisetreter, unbelehrbar, unbekehrbar. und wehe, wer euch ein Haar krümmt, Schreihälse! und doch, habt ihr die eignen Kinder nicht dem Feind als Geiseln überlassen? der darf sein Mütchen kühlen, in kahlen Zimmern, grau vor Haß und Angst. eingepfercht in Zwang und Selbstverachtung. Eliteschüler! neue Konsumenten sind euch eure Kinder, mehr nicht. ihr leugnet? warum nicht. wer seine Kinder so aufzieht, muß alles leugnen. damit er um so eher die Kinder der anderen vergißt: die Kinder der Enterbten, zum Beispiel AFRIKA, zum Beispiel SÜD.

habt ihr die eignen Fraun geliebt, die Schwester, Mutter, die Gefährtin? als Mensch? habt ihr sie geliebt? nichts wißt ihr, nichts. und eure Fraun, haben die geliebt? sich selbst, wie ihresgleichen? so ist es, ja so ist es. wie konntet ihr euch so sehr hassen. wie konntet ihr euch das antun. alles habt ihr preisgegeben. Verräter, Denunzianten. welch kleine Träumer, welch kleine Gauner. böse Haustiere. um einen kleinen Bissen geht ihr aus der Geschichte. wer so ißt, der schreckt vor nichts zurück. ihr wollt das Lob vom Gegner, eure Verwandtschaft mag sehen, wo sie bleibt. Lebzeitlose! Handlanger! ihr habt es zugelassen, daß sie die Fürsten *nicht* enteignet haben. ihr habt die Träger alter kleiner Namen, die einst den *aufgeklärten* Staat entstehen halfen, gedemütigt und ihre Namen abge-

schafft. nicht abgeschafft war, was geheim blieb: Besitz von Grund und Boden. des fürstliche Eigner ließen nicht *allen* Boden und nicht *alle* Wälder brach, sie investierten *heimwehrlich*, in Waffen, was denn sonst. indes die kleinen Namensträger, böse Witwen, alt und einsam, böse Diener eines ungeliebten Amts, noch von geheizten Stuben träumten und einem Rachefeldzug an entlaufener Dienerschaft. bald kam die Rache! was heißt *kam!* ist dagewesen, schon vor dem Anlaß. hier wird vorausgerächt von alters her. indes die fetten Fürsten, die ihr feig verschontet, aus dem Ausland wie blöde starrten auf die verteilten Rollen ihrer Helfershelfer.
ihr spielt den Part der Büttel, Informanten. aus wütenden Besatzern der Donaumonarchie wurden Invasoren des eignen »Rumpfstaates«, wie ihr sagtet, den abzuliefern ihr euch untertänigst vornahmt, beim großen Kapital. Nachrücker, ewig rekrutierte, Samtpfoten mit Peitsche, Volksverdummer, Schmierenkomödianten. das alte Spiel: den Zorn der Unterdrückten so lange hinzuhalten, bis ihrer Vorhut die Kräfte schwinden. sodann: Nebenforderungen aufbauschen, die Herren damit kitzeln, euer Preis, Anteil am HUNDEkuchen, die Törtchen wollt ihr gar nicht: Kernforderungen unterschlagen. das erboste Volk, des Unterhändler in eure Fallen gingen, dingfest und liquidiert, das Volk bekommt die leeren Hülsen seiner Träume zum Fraß. die Hinterbliebenen der Gefallenen dem Spott und der Verhöhnung preisgegeben, sind lebendige Mahnung, daß Kampf sich nicht lohnt, euch zur Verdrehung aller Wahrheit dienend: Preisredner ihr und Fußabstreifer, Trittbretter und Verrat.
wo seid ihr denn gewesen, beim Januarstreik der Arbeiter aus Österreich im Jahre 1918? Beschwichtiger, Vertröster, Ideendiebe und Verhändler. Arbeiterhändler! und beim Junistreik? abwarten, händereiben. im November wähntet ihr euch wieder obenauf. das Volk der Proletarier gab

nicht nach. zu Frühlingsanfang 1919, der Ruf der ungarischen Räte: *an Alle!* unblutig hatten sie die Macht ergriffen, da mußtet ihr mit allen Mitteln die alte Herrschaft retten: dem ungarischen Beispiel folgen, *zur Stunde können wir das leider nicht.* wer auf euch wartet! es kam der Streik! sechs Tage legten die Eisenbahner zum Schrecken ihrer Führer die Bahn des ganzen Landes lahm. und im April die Nachricht: Bayern den Räten. jetzt ist es aber genug. *vom Osten habt ihr nichts, von der Entente dagegen alles zu erwarten.* das mußte helfen, half noch immer nicht. erst als die Tausende kamen, Tausende demonstrierten, Palmsonntag weht die rote Fahne. doch karger Mittwoch naht auf feigen Sohlen, Gründonnerstag hört Schüsse hinterm Ring: zwölf bleiben liegen, achtzig schwerverletzt, acht sterbend.
so ist es. wer neunzehnachtzehn sagt, muß sagen neunzehnvierzehn, wer neunzehnneunzehn sagt, meint neunzehnsiebenundzwanzig. wer die Gewalt dem Feinde überläßt, der wird sich selbst zum Feind, seht euch doch an. eher schafft ihr das Haus ab, als daß ihrs den Enterbten zurückerstattet, Rädelsführer, Reder, Major Reder! das muß einem einmal einfallen, Empfang für Massenmörder! ein Mensch wie du und ich, da sind wir ganz zu Haus, im Leichenhaus, Freiwillige vor: schwerfällig, untertänig, blindwütig, ohne Mut: nur Schwache treten, nicht die Herrschaft, Gedankentöter, blauer Peter, Italiener-Töter, nichts Denker, Ablenker. ab neunzehnzwanzig sammelt sich die Reaktion. ihr sagt: alles Übertreibung, seht doch, wie wir dastehen, Achtstundentag und unsere Küche hat sogar ein Kabinett! so haben sie mit eurem Geld euch den Sozialismus abgekauft. was Invalidenheere, Arbeitslose, Soldatenräte, Rote Garden, Arbeiterräte in Massendemos neunzehnhundertachtzehn den kleinen Bürgern, den verschreckten Offizieren, den versprengten Fürsten — euch zum Trotz — entrissen haben, das schickt

ihr siebzig Jahre später knechtisch zurück, als wär es euch zu eigen, Volksenteigner, Eigentümer, Volksverdummer, Porno-Humer. wo sind eure Richter? in Schattendorf? wo sind eure Lehrer? in Klagenfurt? wo sind eure Ärzte? in Hartheim?
Freisprecher, heimliche Verschweiger, vergessen, ehrvergessen, profitversessen. bald wird die Republik Chiquita heißen. Hut ab, vor allem Mützen. Todesschützen. *yet Martin Bartesch is an honourable man!* hier wird nicht angeklagt, wozu auch, hier herrscht noch *Tatzeitrecht,* das ist das Recht der Schreibtischtäter *und* der Killer, falls Zweifel herrschen sollten. und neunzehnvierunddreißig, was hätten wir tun sollen, es war doch alles so verpolitisiert! jetzt ist das ganz anders, jetzt müssen wir abschaffen, zusperren, aussteuern, absingen. mag jeder sehen, wo er bleibt, in Mauthausen, zum Beispiel oder Lackenbach (pfui Porschy). und das PROBLEM der Neutralität müssen wir selbst lösen — lassen. das Heer ist schon bewaffnet/der Pfaffe steht bereit/zu schlagen in die Fresse/wer da Frieden schreit/und im Blätterwald/schlagt die Nachtigall/dichandundfalk — Geld erhalts. ihr sitzt am Tisch des Henkers und lobt den Strick, so ist das, nur weiter so ins Jahr zweitausend.
ihr sagt, ich sei noch nicht bei neunzehnachtunddreißig? ihr sagt, ich sei noch nicht bei neunzehnachtundachtzig? ich sage: neunzehnvierunddreißig, ich sage: neunzehnhundertfünfzig. ich sage: Todesschützen, Hochverräter, Wiederholungstäter. aber *Klassen* in *dem* Sinn gibt es gar nicht mehr. nur Klassenzimmer, gell, und die sind halb leer, darum muß man zwei zusammenlegen, damit es wieder fünfzig sind, wie im lieben Krieg. und im Spital auf Klasse liegen.
verehrte Mehrheit, ihr habt ausgedient, bald wird man euch aus der Geschichte jagen. das habt ihr nicht gewußt? ihr reißt uns mit, die ihr das Land wie eine Magd ver-

kauft, an den Nächstbesten im Zeitgeist. ihr seid weitgereist, sogar bis Gusen! von hier nach dort. Literatenschänder, Kunstkäufer, Schokoladepudding. Vergolder, Zahnbrecher, Rechtsbrecher, Vertragsbrecher. nein, dieser Text *soll* gar nicht nach Brüssel.
ihr seid nicht die Mehrheit? und diesen Ton wollt ihr euch verbeten haben? was die Jugend denken soll? von wem? von euch? daß ihr nicht so viele seid? daß ihr euch bloß versteckt? vor der Mehrheit? hinter ihr? die Auflagen sprächen für sich? wieviel? und besonders die Betroffenen? klatschen Beifall? wenn man sie abschafft? *die Notwendigkeit einer staatlichen Sparpolitik wird allgemein eingesehen?* Bestattung? wie? Massengrab? na dann. habe verstanden. Notwendigkeiten. Widerstand zwecklos. weil sonst alles noch schlimmer wird. für wen? das große Ganze. der größere Markt. verstanden.
ob ihr euch nicht verrechnet?

möget ihr hingehen und eure Linsensuppe abholen, möge dieses Volk hier zur ewigen Tatenlosigkeit verurteilt sein, möge Unrecht sich häufen unaufhörlich, zu euren Gunsten, ihr seid nichts. ihr seid schon vergessen. Schall und Rauch, dumpfes Ungemach. die Taten der Völker werdet ihr nicht auslöschen, ihr mögt sie in Schach halten, erpressen, knechten und knebeln. auch das Gedächtnis könnt ihr ihnen nehmen. man sieht es, leider. aber nicht allen, aber nicht überall, aber nicht für immer. auch nicht in Österreich. ein anderes Österreich, als ihr es darstellt, ist wirklich, Tag für Tag. ihr könnt die Arbeit abschaffen, aber nur vorübergehend, oder ihr müßtet den Menschen abschaffen.
ihr könnt das Land ausliefern, nach eurer Tradition, weil ihr allein den dirty job nicht meistert. doch es ist auch der Ast, auf dem ihr selbst ruht, den ihr ansägt. und viele sitzen darauf. wer weiß, vielleicht schon bald, springen die

am äußeren Rande ab und schreien Halt? besinnen sich? erinnern sich?
denn ihr könnt nicht ungeschehen machen das andere Österreich, der Würde, des Menschenrechts, des Kampfes, des Widerstands, ihr könnt nicht ungeschehen machen den Kampf des Februar vierunddreißig, nicht einmal in euren Sonntagsreden über neunzehnachtunddreißig. haltet die Archive verschlossen bis zum Jüngsten Tag, stellt alles auf den Kopf, erhebt Lügen zu Dogmen, verbündet euch mit Räubern — der Mensch ist auf dem Wege zu immer mehr Menschsein. wenn ihr sagt — oder nicht sagt — zu Hunderttausenden sind sie gestanden auf dem Heldenplatz, um zu jubeln, dann vergeßt nicht die Zehntausenden, die noch in derselben Nacht verhaftet worden sind, die ersten von Millionen. und wenn ihr glaubt, daß gerade die Millionen dafür sprächen, daß zu kämpfen nicht lohnt, dann vergeßt nicht, daß noch die leben, die bezeugen können, gekämpft zu haben für das Menschenrecht, auf Arbeit, auf Würde, auf ein Leben ohne Not: das ist schon etwas. dafür gelebt zu haben, ist mehr, als ihr begreift. und daß die kommen werden, die ihre Würde suchen, im andern Österreich.
das wollte ich euch gesagt haben. geht jetzt und waltet eures Amtes.

INGE MERKEL

An jene Österreicher, die es ablehnen, zur »Mehrheit« zu gehören

Wenn einer der großen Rhetoren der Antike die Gefühle seiner Zuhörer in patriotische Wallung versetzen wollte, beschwor er die Republik, das Vaterland in persona: »Roma nunc loquitur, Quirites!« Er konnte seiner Wirkung sicher sein.

Ähnliche Schauer jagt es heute noch einem Franzosen ins Blut, wenn »La France« angesprochen wird, einem Briten beim Appell an das »Empire«. Spräche man einem Österreicher von »Austria gloriosa« — mag er sich noch so verbunden fühlen mit seinem Land —, der Lachreiz läge ihm näher als die Träne der Ergriffenheit. Kaum einer von uns vermag seine Heimat zu sehen als matronale Landesmutter, als Stadtgöttin mit Mauerkrone, als hehre Fackelträgerin.

Das sollte uns nicht ganz gleichgültig sein, sondern nachdenklich stimmen. Sind doch solche Symbolfiguren Darstellungen des Wunschbildes und Selbstgefühls einer Nation. Eine Art Gottheit, die gleichsam die Seele des Landes repräsentiert, Schutzmacht sowie Personifikation des eigenen Wertes und der eigenen Bedeutung.

Wenn ich versuche, mir eine stimmige Verkörperung unseres Landes vorzustellen, dann sehe ich keinen Genius; unwillkürlich gestaltet sich mir das spukhafte, formenflüchtige Bild eines Wesens zwischen Kobold und Dämon, eines jener Sinnbilder gaukelhafter Irreführung und Verwirrung, wie sie in den steinernen Falten gotischer Dome hocken zwischen Engeln und Teufeln, weder den einen noch den anderen zugehörig. Schwer deutbar. Man muß an jene Halbgeschöpfe denken, die — einer Talmudsage nach — Gott geschaffen hat in der Dämmerung, als der Sabbath eintrat; so blieben sie unvollendet. Machwerke, denen die Eindeutigkeit und klare Zuordnung fehlt, sowohl in der Form als auch im Geist. Weder gut noch schlecht; fragwürdig, nicht ernst zu nehmen.

Das Fehlen der Eindeutigkeit, das Flair des Fragwürdigen haftet auch dem Charakter dieses Landes und seiner Bewohner an, der viele Möglichkeiten einschließt: legerer Leichtsinn wechselt mit grüblerischer Schwermut, und auf diesem schwanken Boden gedeihen gleicherweise hohe Begabung wie gemeine Niedertracht.

Schon der Name: Ostariki, Österreich, ein Landstrich im Osten, eine ungenaue Region im Block Europa, wechselhaft in der politischen wie kulturellen Bedeutung. Immer mehr eine Hypothese als ein Terminus.

Eine halbbarbarische Keltensiedlung, bis die Römer kamen, eine Stadt bauten und eine Garnison hierher verlegten an den Limes, wo sich der Stromweg der Donau mit der Bernsteinstraße kreuzte, wo Süden und Norden, Osten und Westen einander dauernd begegneten, bald freundlich, bald feindlich. Vom Norden germanische Horden auf der Suche nach Seßhaftigkeit; vom lateinischen Süden Beamte, Offiziere, Handwerker und Kaufleute mit Familie und Dienerschaft; dazu die Soldaten der XIV. Legion, die sich aus Syrien und Palästina rekrutierte. Die Veteranen bekamen ein Stück Land, nahmen Ansässige zu Frauen und vermehrten sich. Und auf allen Straßen kam Handelsvolk gezogen aus den entlegensten Teilen des Imperiums, erkannte die Vorteile der Lage und blieb. Als das römische Reich zerfiel, überrollten die Brandungswellen aus dem Osten die Region. Manches kam darin um, manches überlebte; alles mögliche Strandgut blieb zurück, als die Wogen immer gerade hier sich brachen und zurückfluteten, nicht an einer Bastion entschlossenen Widerstands, sondern nach der Natur des Gezeitenwechsels.

Das ergab ein vielgestaltiges Gemisch von Völkersplittern, die geprägt waren von der Eigenart und den Geschichten ihrer Ursprungsländer. Das kämpfte ums Leben, überlebte, wurzelte sich ein und gedieh, gesegnet und gleichzeitig verhext von einem Licht, das es sonst nirgendwo in Europa gibt: das sattgelbe, gestaltenträchtige Licht des Mittelmeers trifft genau im Raum von Wien auf das violette, konturenverwischende Fernlicht der asiatischen Steppen. Eine Mischung, die nie zur Einheit wird. Eine Vexation mehr als ein Licht. Changierend, reflektierend, ein Geschiller, in welchem alles möglich ist, aber nichts eine eindeutig klare Ausprägung findet. An allem bleibt ein Rest von Fragwürdigkeit haften.

Ist es diese ungenaue Atmosphäre, an der es liegt, daß in diesem Land kein Genius zur Ausgestaltung kommen konnte, kein wachsames Daimonion, wie andere Völker es haben, sondern ein koboldhaft irrlichterndes Halbgeschöpf, mehr eine Mystifikation als ein Schutzgeist? Was die Sinne wahrnehmen, formt Geist und Gemüt.

Wer in diesem sonderbaren Licht aufwächst und lebt, sieht viel, sieht manchmal durch die Dinge hindurch und wird übersichtig; aber er verliert auch leicht die Orientierung. Es fällt ihm schwer, entschiedene Urteile zu fällen, klare Entschlüsse zu fassen, sich verbindlichen Prinzipien zu fügen. Er entwickelt die Neigung, alles in Frage zu stellen, nichts ganz ernst zu nehmen. Auf einem solchen Boden gedeihen keine festen Normen, weder moralische noch weltanschauliche. Alles bleibt leicht verblasen, in der Schwebe der Vorläufigkeit.

Viele Begabungen sind hier gewachsen oder haben sich entwickelt, aber nur wenige, deren Leistungen sich in einem Gebiet entfaltet haben, das Klarheit und Sachlichkeit zur Grundlage hat. Und wenn es manchmal doch so schien — wie etwa bei Sigmund Freud —, dann erhob sich der Filigranbau der nüchternen Logik über Funda-

menten, die unterwühlt waren, so wie der Stephansdom sich über dem Kellerlabyrinth der Katakomben erhebt. Dieser Ort und dieses Licht zersetzen alles, was präzis, gradlinig, eindeutig ist.
Was es einem Menschen anzutun vermag, zeigt das Beispiel Marc Aurel: ein römischer Patrizier, geprägt von der rigiden Erziehung nach den Maximen stoisch rationaler Weltsicht; nach ein paar Jahren Aufenthalts in dieser Zone schreibt er: »Das Wesen des Menschen ist flüchtig, die Sinne verworren, der Körper ein Strom, die Seele Traum und Rauch.« Das sind Gedanken, die keine römischen Herdgötter eingeben; das ist das Foppwerk eines Dämons.
Das könnte Grillparzer geschrieben haben.

Zweifel am Eindeutigen kann fruchtbar und eine nützliche Tugend sein. Allerdings nur dann, wenn man sie zum Ausgangspunkt für die Suche nach Wahrheit macht. Läßt man es beim Zweifel bewenden, verlieren Wahrheit und sittliche Werte allmählich an Gewicht und Bedeutung, und man läßt sich bald verleiten, auch mit Unrecht leichtfertig und lässig umzugehen. Statt sich über einen Mißstand zu entrüsten, findet man einen lächerlichen Aspekt daran und tut ihn ab mit einem saloppen Witz. Spott ist eine sichere und bequeme, bisweilen sogar geistreiche Art, sich Verantwortung zu ersparen.
»Das sind ja lauter Gemeinheiten«, sagt Doderer und charakterisiert damit die österreichische Version der Erbitterung: ein mißgelauntes Spötteln.
Es fehlt uns die Bereitschaft zur Betroffenheit: sowohl der rechte Wille, uns mit Nachdruck zu empören, als auch die Fähigkeit, zu bewundern.
Selbst wenn es um unsere eigenen Großen geht. Zwar haben auch wir unsere Monumente und Mahnmale. Die Heroen des Geistes und der Geschichte stehen auch bei uns in Marmor oder Bronze auf den Sockeln öffentlicher

Verehrung und werden von Schülern auswendig gelernt nach Namen, Jahreszahlen und Verdiensten. Nur daß hier schon die Kinder bei solchen Exkursionen nicht stolz und bewegt sind, sondern Späße machen, weil ihnen deutlicher als der vaterländische Koloß das ist, was die Tauben darauf zurückgelassen haben. Oder besser: weil ihnen beides gleichzeitig bewußt ist: das Denkmal *und* der Taubenkot. Wie soll man — mit einer solchen Anlage belastet — die Fähigkeit, zu bewundern, entwickeln?
Es stört uns ja auch als Erwachsene nicht, wenn die Welt beim Namen Mozart eher an eine Schokoladenkugel denkt als etwa an den ersten Satz des d-Moll-Klavierkonzerts, wo gegen das massierte Anrücken der Dämonen immer wieder zäh ein kleines, freches Motiv anspottet und sich nicht zum Schweigen bringen läßt. Auch das ist Österreich. Und Mozart war ein Kind dieses Landes. Er war sich immer des Abgrundes bewußt; und nahm ihn nie ganz ernst.
Aber kann man sich vorstellen, daß Weimar mit Goethe-Naschwerk schachert, daß sich Paris mit Voltaire-Konfekt empfiehlt? Wir tun es. Und was uns dazu treibt, ist nicht nur Profitgier, gepaart mit namenloser Geschmacklosigkeit. Es geht tiefer. Es ist ein eigentümlicher, fast selbstzerstörerischer Drang, Großes herunterzumachen, sich an Edlem zu vergreifen; als ertrügen wir es nicht, zu verehren.

Von diesen Grundlagen und Eigenschaften her muß man auch unsere Geschichte sehen; besonders die letzten fünfzig Jahre.
1918 hat Österreich etwas erlitten, das einem schweren Unfall vergleichbar ist: es wurde zum Krüppel gemacht. Was nach dem Zusammenbruch der Habsburgermonarchie übrigblieb, war eine Hauptstadt mit einem Anhängsel Landschaft. Eine prächtige Stadt und ein wunderschö-

nes Land. Zum Anschauen geeignet, politisch und wirtschaftlich ein Dauerinvalide, ein Sozialfall. Niemand gab ihm eine ernste Überlebenshoffnung, geschweige denn eine Chance. Die folgenden zwanzig Jahre waren nicht eine Zeit der Rekonvaleszenz, es war eine Zeit des sich Hinfrettens. Verlorene Gliedmaßen wachsen nicht nach, aber sie schmerzen beim leisesten Wetterwechsel.

Gemessen an dieser Sachlage hat der Invalide sich gut gehalten. Da kam 1938 die große Verführung. Für schlechte Krücken wurden künstliche Glieder geboten, für die strapazierte Seele ein Rollstuhl. Existenzängste beschwichtigte man mit Versprechungen von materieller Sicherheit, das Selbstgefühl verlockte man mit einem neuen Großreich, und für die ausgestandenen Nöte wurde ein Sündenbock ausgeliefert. Der gedemütigte Beinstumpf mit dem zu schweren Kopf bildete sich ein, wieder ein ganzer Mensch zu sein.

Für einen Krüppel bedeutet das viel.

Und da war kein warnender Genius, keine ehrwürdige Patronessa, die mahnte und leitete. Unsere Dämonen hockten in den Spalten und sahen zu mit dem gleichen lüsternen Interesse, mit dem das Gesindel am Fenster lag und gierig beobachtete, was sich an Beschämendem und Schrecklichem auf der Gasse begab.

Aber wir waren nicht nur Zuschauer, die nebenbei Freibier und Gratisgulasch kosteten. Es gab weit weniger Harmloses zu ergattern bei der Monsterkirmes, und man hat wacker zugegriffen. — Trotzdem waren keineswegs alle, die sich damals Kopf an Kopf unter frenetischem Beifallgebrüll auf dem Heldenplatz drängten, politisch Überzeugte. Es waren Verzauberte; Menschen, die einem Rausch verfallen waren. Ich glaube, daß es die Inszenierung war, die das bewirkt hat. Das einzige, worin Hitler wirklich genial gewesen ist. Es war ein gigantisches Spektakel, in dem die ganze Stadt mitspielte, ein perfekt in

Szene gesetzter Massentaumel, in welchem Sinne und Vernunft ersoffen, und leider sogar unser Nationallaster, das wir damals so notwendig gebraucht hätten: der Hang zum Spott, der Widerwille, etwas ernst zu nehmen, und die Unfähigkeit, zu verehren.

Damals erlosch das spezifische Wiener Licht, und damit erloschen die Zweifel, die uns Fluch und Segen zugleich sind. Österreich befand sich in Trance, hatte kein Gehör mehr für Anstand und Vernunft und keine Augen, um das lächerlich Groteske wahrzunehmen an dieser Gassenschmiere, die über die Bühne ging.

Es jagt einem einen Schauder der Unbegreiflichkeit auf, wenn man sich bewußt macht, daß dieses Volk, das mit dem Spott nicht vor dem Ehrwürdigsten zurückschreckt, in einen Zustand frenetischer Anbetung abstürzte vor einem Popanz, der die Welt an den Abgrund brachte, weil er es vermochte, Menschen zur hirn- und willenlosen Masse zu entwürdigen.

In den folgenden Jahren begriff man allmählich, daß man hereingelegt worden war. Aber inzwischen war viel, *zu* viel geschehen. Man war schuldig geworden. Es gab welche, die nüchtern geblieben sind und der Verlockung widerstanden haben. Es gab welche, die unsühnbare Verbrechen begangen haben. Die meisten aber haben sich mitschuldig gemacht, weil sie zusahen und geschehen ließen. Manche sicher mit Übelkeit, sogar mit Entsetzen; zur aktiven Empörung hat es nur bei wenigen gereicht.

Da kam das Jahr 1945.

Im Märchen glaubt sich manchmal einer durch irgendein Hexenwerk zum König erhöht. Er sonnt sich in der unerwarteten Würde. Da plötzlich fällt der falsche Zauber von ihm ab, und er findet sich wieder in seiner armseligen Hütte. Ärmer als zuvor, weil er das süße Gift der Täuschung gekostet hat und nun zur Armut noch die Schande tragen muß, ein Geprellter zu sein.

Als Österreich 1945 wieder in der alten Keusche aufwachte, war das bißchen Hausrat, den es vorher noch gehabt hatte, zerschlagen und besudelt, sogar der gewisse Krüppelstolz war verscherzt. Mit schwerem Kopf aus dem Rausch erwacht, sah es die Bescherung, die es in der Trunkenheit angerichtet hatte. Nun hieß es, Unrat wegschaffen, Schäden reparieren, wieder von vorn anfangen.

Was aber geschah mit der Schuld und der Mitschuld?

Gutmachen, wo dies noch möglich war; das wurde uns ja auch vom Ausland auferlegt und vorgeschrieben. Und viel war da nicht mehr gutzumachen.

Wie aber stand es damit, was jeder mit sich selbst auszumachen hatte? Da galt es, den persönlichen Anteil an der Katastrophe einzugestehen und nicht zu vergessen, wozu man fähig war, schon um künftighin auf der Hut zu sein vor sich selbst.

Das ist ein Prozeß, der den Willen zu klarer Einsicht voraussetzt, moralische Selbstverantwortlichkeit und ein unbestechliches Gewissen. All dies liegt uns nicht besonders.

Es ist strapaziös und stört das Behagen.

Man hätte auch den anderen Weg wählen können: coram publico schallend sein Unrecht bekennen, sich an die Brust schlagen und die Pseudoabsolution einer Beichte damit erkaufen. Auch das liegt uns nicht.

Es ist uns zu feierlich und pathetisch.

So haben wir einen dritten Weg gefunden, der unseren spezifischen Anlagen mehr entsprach: wir räumten die Bescherung still aus dem Weg in den abgelegensten Teil unseres Bewußtseins und gaben uns als die Opfer einer Vergewaltigung zu erkennen. Im Gefolge dieses Traumas gönnten wir uns dann ein Skotom, einen blinden Fleck in der Erinnerung.

In der Praxis sah es gar nicht so übel aus. Überzeugte Nazis gab es nach sieben Jahren, die nur anfangs Jubeljahre

waren, ohnehin nicht mehr viele. Die meisten suchten und fanden Schutz und Unterkunft in einer der Großparteien, gleich welcher Couleur, wurden Demokraten und logen nicht einmal dabei.
Die Legende von Hitlers erstem Schlachtopfer wurde so glaubhaft ausgestaltet, daß wir damit nicht nur die Welt, sondern sogar uns selbst überzeugten.
Nun konnte mit dem Aufbau begonnen werden: mit Talent, Geschick und Charme wurde die Bühnendekoration vom kleinen, aber schönen, kulturträchtigen Österreich zusammengebastelt. Land der Musik, der grandiosen Barockbauten, der herrlichen Landschaften. Ein Land, das man besucht wie ein Museum zum Beschauen und Bestaunen. Und wir selbst waren liebenswürdige Aufseher und Animateure.
Ein bißchen billig das alles. Kein Wertbild, wie es andere Länder — zu Recht oder zu Unrecht — von sich haben. Allenfalls ein »Image«. Aber es hat sich gelohnt! Politisch wie materiell.
Als aus dem denkmalgeschützten Sumpf dieser kalkulierten Selbsterniedrigung zu Operettenklang aus dem Gebräu der Vertuschung die »Insel der Seligen« auftauchte, da hat man uns beglückwünscht zu unserem österreichischen Weg. Man kam in Scharen, sah es sich an und genoß es. Wir waren ausgesprochen beliebt in der Welt.
Es hat sich gelohnt! — Allerdings mit Verzicht auf Scham und Selbstachtung; und auch an Weitsicht: Wir haben übersehen, daß verleugnete Sünden einen manchmal einholen. Gottes Mühlen mahlen langsam, heißt es, mahlen aber schrecklich klein. Sie lassen sich auch durch die geschicktesten Verkleidungen nicht täuschen.
Als es dann soweit war und die Mühlenräder in Gang kamen, da hatte unser Hauskobold wenigstens soweit die Hände im Spiel, daß es nicht *ganz* ernst wurde. Wir blieben im gewohnten Stil.

Die vielberufene »Affäre Waldheim«! Was anderswo hätte eine Regierung stürzen können, lief bei uns ab wie eine Schmierenkomödie. Kein Skandal. — Eine »Affäre«!

Diese »Affäre« entzündete sich nicht an greifbaren, unbestreitbaren Fakten. Sie entzündete sich an ein paar fehlenden Seiten an brisanter Stelle, an einem blinden Fleck. Es geht nicht um bewiesene Schuld, sondern darum, wie mit möglicher Schuld oder Mitschuld umgegangen wurde. Nicht nur von einer ganz bestimmten Person, eben Waldheim, sondern von einem beträchtlichen Teil des Volkes, das diese Person gerade deshalb akzeptiert hat, weil sie so dachte und handelte wie der Durchschnitt, die Mehrheit, der kleine Mann von der Straße. Zur Rechenschaft gezogen, hat dieser »echte Österreicher«, der uns jetzt, nicht ganz zu Unrecht, nach außen hin repräsentiert, auf Vorwürfe und präzise Fragen echt österreichisch geantwortet: weder mit einer klaren Wahrheit, noch mit einer klaren Lüge, sondern mit einer wehleidig verblasenen Ausrede: die Opferrolle, das winzige Rädchen in der gigantischen Maschine, die andere in Gang gesetzt haben. Diese trifft die Schuld. Was kann das Rädchen tun, als folgsam laufen.
Das war dem Durchschnittsösterreicher aus der Seele gesprochen. Genau so hat er seine Vergangenheit immer gesehen, so ist er damit verfahren: Vertuschung und Opferlamm.
Allerdings hat man nicht damit gerechnet, daß allenthalben in der Welt die Annahme verbreitet ist, hinter einem blinden Fleck verberge sich eine Untat.
In unserem Fall ist die Wahrheit harmloser. Auch armseliger. Das Waldheim-Skotom verbirgt kein Verbrechen. Es verbirgt einige Peinlichkeiten, ein paar moralische Blamagen, ein ungenaues Gewissen und ein weiches Rückgrat.
Alles recht menschlich; also ein bißchen schäbig. Aber

das Schäbige stört die Mehrheit nicht; jene Mehrheit, von der Schiller sagt: »Mehrheit ist der Unsinn. Verstand ist stets bei wenigen nur gewesen. Man soll die Stimmen wägen und nicht zählen. Der Staat muß untergehn, früh oder spät, wo Mehrheit siegt und Unverstand entscheidet.« Eben diese Mehrheit ist es, die jetzt als Reaktion auf Zweifel und Anschuldigungen aus aller Welt beleidigt zusammenrückt zur Stammtischkumpanei, wo man einander augenzwinkernd zu verstehen gibt, daß man »unter sich« sei und es auch bleiben wolle. Diese Mehrheit ist es, die Kritik aus dem eigenen Land als Nestbeschmutzung bezeichnet; die findet, nicht der Unrat beschmutze das Nest, sondern derjenige, der darauf hinweist; er ist der Beschmutzer.

Ein fragwürdiges Wiegengeschenk ist es, das uns da unser Landesdämon mitgegeben hat: dickfellige Unempfindlichkeit gegen das Beschämende, Untauglichkeit und Unlust zur Verehrung, wie zur Verachtung, zur Empörung. — Gewiß! Mit dieser Gabe erspart man sich allzu schwere Erschütterungen des Gemüts. Sollte unser Hausgeist es gut mit uns gemeint haben? Ich glaube nicht an die Gutmütigkeit von Kobolden. Wenn man empfindungstaub und seelenträge wird, lebt man da noch? Ist es nicht nur mehr ein Vegetieren, ein hingezögertes Verenden eines atmenden Kadavers?

In Gontscharows »Oblomow« heißt es gegen Schluß vom Helden der Geschichte: »Es war ihm gelungen, sich wohlfeil vom Leben abzusondern.« »Wohlfeil«, das heißt auf billige, bequeme Art, unter Preisgabe der Selbstachtung. Die Umwelt nimmt ihn nicht mehr zur Kenntnis, nicht einmal durch Kritik. »Sich vom Leben absondern« bedeutet, sich der Realität und Verantwortlichkeit entziehen. Aussteigen, wegschauen, die Zügel schleifen lassen.

Beides zusammen ist ein schleichender moralischer Suizid.

Die Gefahr dazu liegt uns im Blut. Sie ist potentiell in unserem Volkscharakter enthalten, ist aus dem breiten Spektrum seiner Ausformungsmöglichkeiten die schlechteste; die müheloseste und die gefährlichste.

Immer und überall neigt die Mehrheit zum niedrigsten Anspruch. Diese Mehrheit hat bei uns die Präsidentenwahl entschieden.

Eine schwache Mehrheit allerdings, und man müßte auch noch diejenigen abziehen, die gar nicht oder ungültig gewählt haben. Es waren nicht nur Gleichgültige, es waren auch Angeekelte, die Waldheim ihre Stimme nicht gegeben haben. Aber das ist nun wieder unser österreichisches Syndrom: statt sich dem Ablehnenswerten mit Nachdruck entgegenzustellen, wendet man sich angewidert ab, entzieht sich.

Als eingeborene Österreicherin kann ich nicht umhin, auf alle diese heiklen und häßlichen Fakten und Umstände, die ich oben erwähnt habe, österreichisch zu reagieren: ich sehe am Erbärmlichen auch das Lächerliche. Es ist nun einmal so, daß auf der Bühne dieses Landes alles zur Bouffonnerie wird. Weder unsere Tugenden noch unsere Laster gehen als Tragödien über die Bretter, sondern als Possen. Nestroy statt Schiller.

Geschieht bei uns Ehrenhaftes, wird es übergangen, eher begrantelt als gepriesen. Und unsere Schurken kommen nicht vor ein Halsgericht, sondern sie werden — wie bei Nestroy — geprellt und ausgelacht.

Es ist uns ins Blut, ins Mark der Knochen eingewachsen, daß wir uns am Guten nicht begeistern, über das Böse und Gemeine nicht so recht entsetzen können, sondern stets verführt sind, uns darüber lustig zu machen. Mag es — wie ich anfangs sagte — an der Verhexung des Ortes liegen, an seiner vexatorischen Atmosphäre, die sittliche Grundsätze und klare Haltungen erschlaffen und verschwimmen läßt. Unsere Form der Lebensbewältigung ist uns nicht von einem Genius eingegeben; ein dämonischer Kobold hat sie uns ins Ohr geblasen.

Wenn einer in Österreich ein Bösewicht ist, dann ist es kein Richard III., kein Jago, dann ist es ein Nestroyschuft. Diese sind zwar zutiefst gemein und niederträchtig, aber ein gefälliger Regisseur kann sie unschwer zur komischen Figur machen, über die man lachen muß; dabei vergißt man, daß Komik Niedertracht nicht ausschließt, nur gefährlicher macht.

Wenn nun einmal ein Mensch oder ein Volk von der Anlage her gezeichnet ist von einem Defekt — und jedes Volk hat irgendeinen —, dann bleibt noch die Möglichkeit, aus dem Defekt einen positiven Gewinn zu ziehen. Im Gelächter liegt eine starke moralische Potenz. Dieser sollten wir uns jetzt bedienen, anstatt als beleidigte Opfer eines Mißverständnisses uns dem »Image«-Putz zu widmen.

Lächerlichmachen kann vernichtender sein als bekämpfen. Wir sollten dem Malheur auf unsere Weise begegnen und die »Affäre« nicht als einen tragischen Irrtum hinstellen, dessen Opfer wir sind, sondern als das, was sie ist: eine elend schlechte Posse.

Nestroy hätte ein herrliches Stück daraus machen können: »Der Ehrenmann mit dem verscharrten Sarg im Keller, in dem sich aber dann keine Leiche findet, sondern — im schlichten Soldatenkleide — unterlassene Anständigkeit.«

Im Gelächter liegt eine starke Wirkungskraft. Man darf nur nicht den Fehler machen zu sagen, was lächerlich sei, habe kein Gewicht. Dieser Irrtum ist anderen Völkern erlaubt. Nicht uns. Denn wir verstehen etwas vom Lächerlichen. Und wenn *wir* es mißbrauchen als Schleichweg aus der Verantwortung für unsere Taten und Untaten, dann ist das eine Todsünde. — Und eine Dummheit. Denn wir machen damit die einzige Waffe stumpf, die wir haben und zu führen verstehen. Die Empörung des Spottes kann bitter und schneidend sein. Aber sie ist leise. Lauter ist immer das Mindere: das Unschuldslamento, die berechnenden Wehleidigkeiten; und das Verwerflichste von allem: mit dem Hinweis auf die Sünden anderer sich von eigenen Sünden lossprechen. Angriffe parieren, indem man den Gegner von hinten anfällt. Das ist der Fechtstil von Bravos, von Straßengesindel.

Wir sollten uns zu gut dazu sein.

Aber eben da liegt das Übel: wir sind uns zu nichts zu gut, wir halten zu wenig auf uns, wir schämen uns nicht. Im Gegenteil: wir befinden uns ausgesprochen wohl in der moralischen Anspruchslosigkeit des kleinen Mannes, in unverbindlicher Mitläufergesinnung.

Dabei übersehen wir die tödliche Gefahr, die eine solche Haltung in sich birgt. Einer, der sich selbst nicht achtet, wird auch von den anderen nicht geachtet. Damit macht er sich wehrlos. Denn einem Verachteten steht man nicht bei, wenn er Hilfe braucht.

Und wir werden Hilfe brauchen.

Heute sind wir hochzufrieden, wenn sich die Touristenscharen gaffend vor unseren ausgeleerten Fassaden drängen, und kassieren ab. Sie werden sich nach und nach verlieren. Dann aber werden ihnen welche folgen, die all das mit wachen und geübten Räuberaugen abschätzen und berechnen werden, wann die Zeit reif ist.

Dann wird es ans Bezahlen gehen.

Ich habe zu Anfang dieser Rede gesagt, Symbolfiguren seien Darstellungen des Selbstwertgefühls einer Nation. Es liegt an uns selbst, wenn unsere Hausgötter mehr dem Foppwerk und der Irrlichterei zugeneigt sind als verläßlicher Mahnung und Leitung. Es darf uns nicht zur Ausrede dienen oder gar zur Rechtfertigung für üble Gesinnung und Haltungsschwäche. Das Urbild spiegelt sich im Ab-

bild, und das Abbild gewinnt Realität und wirkt zurück auf das Urbild.
Unsere Penaten haben uns Phantasie gegeben, den Sinn für die Doppelbödigkeit jeder Erscheinung und die Gabe des Gelächters. Für Anstand, Maß und Wachsamkeit müssen wir selbst sorgen.

ERNST NOWAK

Von Grenzen

Ich wurde am 13. März 1944 geboren. Wenn zur Geisterstunde als Nachtgebet, und damit wir nicht vergessen, wohin wir gehören, nachdem uns so viel vorgeredet und vorgespielt worden ist, noch das Land der Berge erklingen soll, bin ich fast immer schnell genug, um zu verhindern, das überzeugt einsetzende Land hören zu müssen. Es scheint, ich fürchtete das Land der Berge, so peinlich berührt es mich. Und doch habe ich früher so oft und gern mitgesungen, wenn es angestimmt worden ist, damit unsere Augen leuchteten, wir Ton um Ton wüchsen, Größeres über uns komme, das Herz höher schlage und uns überfließe. Weit und eng geworden, spürte ich an den Unterarmen das wohlige Frösteln der Unterwürfigkeit, des Dienens und Nachsagens, eine süße Verzauberung. Lauthals sangen wir, wie sonst nur beim Großen Gott wir loben dich. Ich war glücklich, traurig, als sängen wir von einer unerfüllten Sehnsucht, freudig, daß wir, außer uns und aufrecht, uns im Schoß einer kirchenhohen Mutter einrollten. Natürlich war das Land der Berge das erste der Lieder fürs Leben: Volk und Vaterland stand dort zwischen Mann und Frau, die über die kräftigen Buchstaben hinweg einander zuwinkten, während Eisen und Stahl die Heimat knirschend und unmerklich ernährten, die Bagger losfuhren, die Preßlufthämmer sich ins Gestein senkten, die Hochöfen rauchten, fröhliche Wanderer über Bergstraßen zogen, Männer in schwindelnder Höhe in Baugerüsten hingen (Bauleute seien wir an einem großen Werk, wurde uns gesagt), das Getreide vor dem hinschreitenden Mäher breit niedersank und am Feldrand, im Schatten des Bildstocks, die Mutter das Kind stillte. Von Arbeit

überall, Heimaterde, Fleiß und Ehre erzählten die schönen Lieder, wir hätten am liebsten sofort mit Hand angelegt. Wir wollten gläubig zum Licht streben, wurde uns zugerufen (ich fühlte es wärmend vor mir), wir wollten sein, wie uns die Heimat brauche, wenn auch die Welt in Haß und Lüge rauche (in Chören sprachen wir diese Sätze nach), Einigkeit! riefen wir von Berg zu Berg und von den Bergen hinunter, mit Herz und Hand grüßten wir das Banner Rotweißrot, das Treue bis in den Tod forderte und uns zugleich schon die Gewißheit gab, wir würden wirklich so treu sein und das Glück unserer Treue auch noch auskosten können. Österreich sollte unseren Schwur hören. Dein wollen wir sein auf ewig, riefen wir, und schon fühlte ich mich besessen und verschlungen, und der schwarze Adler mit dem kunstvoll gespreizten Gefieder, durch das der Wind blies, äugte mit abgewandtem züngelndem Kopf her und hielt mit seinen sehnigen Armen (die eigentlich seine Beine waren) nicht nur Hammer und Sichel in verkrampften Fäusten hoch, sondern hatte auch das Gewicht von Fesseln und einer gesprengten Kette zu heben.
Ich wußte lange nicht, welche Kette das sein sollte, sie mußte die, mir unverständlich, ersehnte Befreiung von den Russen bedeuten, auf deren Knien ich gespielt, die ich so oft neugierig erwartet hatte. Beim Freudenfest dann, am Tag der Befreiung (für mich ein den Atem nehmendes, lichterfülltes Hochamt in dichtestem Gedränge, unaufhörlich hereindröhnendem Glockengeläute, mit dem langsamen Augenaufschlag des Pfarrers auf der Kanzel), ergriff uns ein goldener Schwindel über unsere Bedeutung, es war bewiesen, wir waren ein Held, der strahlend ins Freie trat (ein Heldentenor, muß ich jetzt denken, der, einen höchsten Ton mit ausgebreiteten Armen ewig anhaltend, an die Rampe vortritt): heldenhaft, hatten wir schon immer gehört, hätten wir standgehalten, wir seien ein starkes Geschlecht, groß sei unsere Vergangenheit

(zum Schutz der Grenzen eines großen Reiches auserkoren, habe Österreich immer auf treuer Wacht gestanden, eine wetterfeste Eiche, in hundert Stürmen erprobt), nie hätten wir gewankt, und doch seien wir schlicht, und auf den Schlag unseres seelenvollen und weichen Herzens werde immer alle Welt ängstlich und freudig horchen, denn solange dieses Herz schlage, sei die Welt in Ordnung. Immer wieder hätten wir Fremdes über uns hinwegrollen lassen, und doch seien wir uns selbst treu geblieben, und unser Volk habe ein reines Gewissen, denn hemmend habe es dem Rad der Geschichte in die Speichen gegriffen, bis die Kräfte erlahmt seien und es zermalmt worden sei. Ich glaube, ich habe damals nicht begriffen, daß damit ein Widerstand Österreichs gegen den sogenannten Anschluß gemeint sein sollte. Ich wußte nur, ein großer Krieg sei als furchtbares Naturereignis aus heiterem Himmel über glückliche Menschen hereingebrochen, eine sagenhaft schöne Zeit, in der es noch keine Not gab, sei damit zu Ende gewesen, der Feind habe mit verheerenden Fliegerangriffen (ich träumte davon) unser blühendes Land zerstört, und mein Vater habe, während andere schon flüchteten, den heranrückenden Feind bis zuletzt aufhalten wollen und, gewissenhaft und stolz bis zum Ende, noch im letzten Augenblick fallen müssen (Mitschülern erzählte ich von seinem Tod eine erfundene, wie ich meinte besonders blutige Kriegsgeschichte). Viel später erst, als ich schon erfahren hatte, er, der gescheite, blendende Kopf, sei schon vor dem Anschluß Nationalsozialist gewesen und habe, ein Idealist durch und durch, darum ein schweres Leben als strafversetzter Lehrer führen müssen (Heil!, jetzt können wir heiraten!, endete ein Telegramm vom 13. März 1938), las ich in seinen Notizbüchern seine letzten Gedichte: Scham brenne ihm das Herz ab, schrieb er, und, gleichsam an Hitler gewendet: du hast mein Volk (nicht ein österreichisches war damit gemeint) beleidigt, geh unter und sei verflucht wie ich! Er sah sich mit offenen Augen der Zukunft zugehen als einer schwarzen Wand von Blut und Todesdunkel. Nun neigt sich dein Gestirn, schrieb er, als letztes bleibt von allem, es tapfer sinken sehen: setze den Stahlhelm auf, das Ende naht. Behaglich traurig war mir immer zumute, wenn für den Vater und für einen lustigen Onkel, der unübertrefflich die Juden hatte nachmachen können und, wie es in der Todesnachricht hieß, als verpflichtendes Vorbild im Osten gefallen war, ein Licht angezündet wurde, die Schuhsohlen im nassen Kies scharrten und durch das glänzende Laub rauschten und ich durch das feuchte, kahle Astwerk die verwehten Blasmusik-Klänge von der Heldenehrung am neuen Kriegerdenkmal hörte (der Bildhauer hatte, nach Jahren des Herausmeißelns von Führer-Köpfen und feierlichen Bildwerken wie Arbeiter der Stirne und Faust, Aufbruch der Nation, Unbekannter Kämpfer, Die Partei oder Die Familie sich einen wuchtigen Stahlhelm-Krieger einfallen lassen, der hart entschlossen in eine seitliche Ferne blickt und, selbst geschützt durch ein breites Kreuz, sich schützend hinter eine krankenschwesterhafte Frau und den in ihren Armen Sterbenden gestellt hat). So konnte der Tod doch noch ein schöner Tod werden, und behaglich aufregend war dann die Vorstellung, durch die Dunkelheit, in der da und dort kleine Feuer flackerten, als Spitze des Spähtrupps vorzurücken, gehalten von Befehl und Gehorsam, die glatte, feste Waffe in Händen, die Mutterwelt hinter sich gelassen zu haben und einzudringen ins stumme Unbekannte, wie abwartend Ruhende (immer war es ein weit hingebreitetes, sanftes Land, das vor meinen Füßen und mit meinen Schritten vor mir her wuchs, als sollte ich nie das Weiße im Auge des Gegners zu sehen bekommen): Abbild der Abbildungen aus den Entscheidenden Stunden (Mit der Kamera am Feind), die, in irriger Erinnerung Unsere Siege genannt, einmal entdeckt, zu einem meiner liebsten Bilderbücher wurden.

Was sind wir schon, sage ich jetzt, Menschen wie andere Menschen auch, nichts Besonderes. Und weil ich hier aufgewachsen bin und hier lebe, bin ich in die Verhältnisse eines Menschen-Gefüges einbezogen und will mich ihm nicht entziehen: aber ich verwechsle mich nicht mit einer eingegrenzten Landkartenfläche, die benannt und als Bild den Köpfen so sehr eingetrichtert ist, daß nur noch Österreichförmiges wahrgenommen wird, und ein nur noch grenzförmiges Denken nur noch Österreichförmiges hervorbringt (es scheint auch, sowohl die Kraft, die im vertrauten Nest festhält, als auch jene, die von hier fort- und hinaustreibt, beide einziges Maß für Grenzähnliches, reichten nur bis an die Grenzen der Österreichform, um dort sich in eine österreichförmige Schutzbedürftigkeit und Verteidigungsbereitschaft zu verwandeln). Ich wehre mich dagegen, sage ich jetzt, mit dem, was Österreich genannt wird, verwechselt oder als sein Vertreter behandelt zu werden. Die österreichförmige Grenze läßt mich jetzt kalt, und diese Kälte hindert nicht, daß ich mich über das Wiedersehen freue, wenn ich (wie die Flächen sich gelassen über die eingerichteten Grenzen hinwegsetzen!) gestärkt nach Hause zurückkehre, nachdem ich freudig, mit dem Wunsch, dem nicht Vertrauten mich anzuschließen, aus dem Haus gegangen bin. Weder bin ich jetzt stolz darauf, noch würde ich mich dessen schämen, Österreicher genannt zu werden, ich bin auch nicht stolz auf Österreich, noch schäme ich mich seiner, ich liebe es nicht und hasse es nicht, Österreich ist kein Mensch. Aber ich erinnere mich, daß es schön war, darauf stolz zu sein, es zu lieben und zu rühmen. Die Erregung, der Jubel, wenn wir siegten, mit ansehen konnten, wie wir im Wettkampf bestanden (jetzt dagegen freue ich mich diebisch über jede Niederlage)! Wie wir uns anspornten! Wie konnte das kleine Österreich die Zähne zeigen, die Großen beschämen! Nichts Größeres gab es als einen schadenfrohen Sieg über das großsprecherische, verbissene Deutschland, unseren Erzfeind.

Mit welcher Wut habe ich im geheimen das geliebte Österreich gegen die Reden des Mannes verteidigt, der mir den Vater ersetzen sollte! Wie haßte ich diese strahlenden Augen, wenn er neidlos von Deutschland schwärmte: wie weit, wie schön dieses Land sei! Alles war dort schöner, dort war alles besser, größer, ordentlicher, dort atmete man auf. Erst draußen (wie Deutschland von ihm wie auch von uns lange Zeit genannt wurde) war Kunst Kunst, erst deutscher Sport war Sport (für ihn zählte natürlich nur ein Sieg Deutschlands, womit alles ins rechte Licht und Maß rückte), erst draußen sah man, was Wiederaufbau war, wir hier waren doch bloß arme Würstchen (von draußen hatte er auch diese Frau nach Hause mitgebracht, dieses reichsdeutsche Ding). Ich haßte sein giftiges Gesicht, wenn er, atemlos vor Neid und Verbitterung, gegen diesen ganzen Sumpf hier zischte (ich wußte noch nichts vom geflügelten Wort der Nationalsozialisten, Österreich sei ein Dreckstaat), wo er, aus unmenschlichster Gefangenschaft endlich wieder in die Heimat zurückgekehrt (zu Aufräumungsarbeiten in einem KZ hätten sie ihn gezwungen, das werde er ihnen nie vergessen), nichts als rachsüchtige Demütigung und ungerechte Zurücksetzung erfahren habe, nur weil er zu seiner Überzeugung gestanden sei, und wo er unter seinen Verhältnissen, wie er sagte, leben müsse, während andere schon wieder im Geld schwämmen, einander die fettesten Bissen, die besten Posten zuschöben, alles beherrschten, Schwarze (oder sagte er noch: die Christlichsozialen?), Juden und alte Nazis, die jetzt auf einmal beim Widerstand (er sprach das Wort verächtlich aus) gewesen sein wollten. Alles total verjudet, sagte er (auch ein Jud!, hörte

ich von allen Seiten, und etwas, wovon ich keine Vorstellung gehabt hatte, wurde mir verdächtig). Er bewunderte die Tüchtigkeit der Reichen, ein neu gebautes Haus begeisterte ihn, die neue Autobahn, der Fortschritt, eine neue, formschöne, glatte Einrichtung. Er wähle nur noch Rot, sagte er, die hätten noch eine Spur von Anstand und von Herz für das Volk, schade nur, daß gerade dort schon wieder die Schmarotzer säßen, die alles zersetzten, verhetzten und in den Dreck zögen. Was blieb ihm, als seine geliebte Kunst, sein Stifter und sein Hamsun, seine Russen und Franzosen, sein Bach und Brahms und Bruckner, sein Bizet und Dvorak und Mozart, seine geliebten Landschaften. Es gab ein tröstliches, zum Weinen schönes und ausgewogenes Reich, rein und still wie jene Bilder, wo badende Mädchen verloren träumerisch am Flußufer beisammenstehen, anziehend und kühl zugleich. Aber hier war alles verlogen und schmutzig. Er beleidigte mich mit seiner Rede (und kränkte mich, denn ich hatte ihn ja lieb, und mehr noch als der Bücherkasten des toten Vaters war er mein Erzieher, lebendig, feinsinnig und zärtlich, ich war ihm dankbar, daß er mir die Augen und Ohren für die Schönheiten der Welt und der Kunst öffnete, mich ermutigte und lobte, und wenn ein furchtbarer rotäugiger Zorn aus ihm hervorbrach, sah ich ihm hilflos betroffen zu wie einem hilflosen Kranken).
Ich ahnte noch nicht, ich würde einmal (nicht aus der sogenannten Sorge um unser Land, sondern aus Sorge um die Menschen, nein, aus Angst um mich), nach Jahren der Bedenkenlosigkeit, des Versäumens und Verträumens angewiesen auf die Reden anderer, ohnmächtig die ungeduldigen, mehr jammernden als aufwieglerischen Sätze von einer selbstmörderisch gesteigerten Anpassung und Entwicklungslosigkeit, vom zäh-trägen, nein verzweifelten Festhalten an Bedürfnissen, die nicht die wirklichen seien, von der Nähe eines Zusammenbruchs und von der Not-

wendigkeit umfassender und gründlicher Veränderung nachsprechen, als wollte ich an einem unerschütterlich begriffstützigen Gesicht rütteln (es wäre mein ratloses eigenes). Ich hätte mir nicht denken können, ich würde mir einmal eingestehen müssen, ich habe unter allem letztlich halbherzigen, bemühten Sprachgebrauch nichts anderes über die Verhältnisse zu sagen als der väterliche Erzieher, könne wie er doch nur in gehässigen Sätzen eher fühlen als reden, weil ich nicht die geeigneten Wörter verwendete, klares Urteilen und Entscheiden, genaues Darlegen nie erlernt, mich darum herumgedrückt habe, um dort bleiben zu können, woher ich komme: im Bücherkasten des Vaters, im unterschiedslosen, unbefragten Wörter-, Zeichen- und Bildergemisch der Kindheit, in der Geschichte des Vaters und der Mutter, von der ich nicht geheilt bin.

Begeistert hatte ich als kleines Kind Aufmärsche, Hochämter, Begräbnisse, Prozessionen und weiträumige Kriegshandlungen gezeichnet, und scheinbar wahllos hatte ich auf Fahnen, Gewändern, Uniformen, Fahrzeugen und Kriegsgerät neben anderen abgeschauten Zeichen wie dem Roten Stern, dem Kreuz, Hammer und Sichel, dem rotweißroten Ö oder den drei Pfeilen im Ring vor allem das Hakenkreuz wie selbstverständlich erscheinen lassen, weil es mir aus Bücherkasten, Foto-Album und Schreibtisch des Vaters besonders vertraut war, ein schuldloses, unerklärtes Zeichen (die Geschichte der scheinbar ausgebesserten kreisrunden Stelle in unserer rotweißroten Fahne auf dem Dachboden kannte ich nicht), von dem ich wußte, es habe mit der großen Zeit, mit Krieg und mit dem Vater, vielleicht auch ahnte, es habe mit Macht zu tun. Erst später, als ich, scheinbar genügend belehrt, zu wissen glaubte, was unter diesem Zeichen geschehen war, ging von ihm ein unwiderstehlicher Glanz von Größe und Verbrechen aus, und nie will ich

vergessen, was mit mir geschah, als ich einmal, Teil der Komparserie-Massen für einen Spielfilm, eine Uniform mit Hakenkreuz-Binde anlegte: Uniform und Zeichen griffen auf mich über, zuvor waffenlos und von unbestimmtem Umriß, war ich jetzt eine ohne Waffe bewaffnete, mächtige Form, hatte gläsernen Raum um mich, so daß niemand mich berühren, ich aber alles angreifen konnte, mein bloßes Erscheinen, mein Schritt konnte Verstörung in die kleinlichen Gesichter bringen, von Uniform und Zeichen bewegt und gelenkt, war ich auf einmal gestrafft, stand breitspurig mit durchgedrückten Knien, stellte mich frech zur Schau, hatte kräftige Lenden, alles entstand aus mir heraus, es gab kein Hindernis, jeder ängstliche Mensch war ein nichtiges Ding, ein Fußtritt konnte das alles aus dem Weg räumen, wegfegen; noch heiß und neugierig von der Verwandlung, überrascht von der Wirkung, machten wir uns einen Spaß daraus, uns unter die ahnungslosen Menschen zu mischen, mit denen wir nichts mehr gemein hatten, und einen kleinen Schrekken zu verbreiten (wir konnten es, weil, was da krampushaft, gespensterhaft auftauchte, ihnen für einen kurzen Augenblick möglich schien: ich hab schon geglaubt, ihr seids wieder da!, wandte sich einer an uns, nachdem Absperrungen errichtet worden waren). Aufmerksam hatte ich das als erlösende Lebenssteigerung widerstandslos mit mir geschehen lassen und hatte es genossen (ob ich hier, mit eigenem Körper, in meiner eigenen Geschichte etwas über den sogenannten Anschluß erfahren habe?).
Ich hätte mir nicht träumen lassen, ich würde so anfällig sein. Während ich die alten, verführerisch selbstverständlichen Wörter (Wünsche, Verheißungen), die jetzt aus der Angst vor Not und Todesangst vor Veränderung (als Todesangst vor Freiheit) immer drängender und rücksichtsloser hervorkommen, nachdem ihre Verwendbarkeit als Machtmittel bewiesen ist (kein Wort, das nicht frei wäre

von Feigheit, Unterdrückung, Vernichtung), als gefährlich durchschaut zu haben glaube und gegen sie zum Widerstand aufrufen möchte, fürchte ich, einmal mißtrauisch geworden, ich selbst sei von ihnen angesteckt. Die Rufe nach Arbeit, Ordnung und Zukunft, die Sehnsucht nach dem neuen Menschen, nach Reinigung, Klarheit, Schönheit und endlicher Erlösung (wie nahe ist das Wort Endlösung) kann ich nicht mehr trennen von der Sonne, die (Erinnerung an eine Ansichtspostkarte) im Westen aufging, daß der dunkle Himmel über den dunkleren Bergen von einer gewaltigen Strahlenkrone zerteilt war, vom blendenden Lichtkreis, in dem das scharfe Zeichen der Vereinigung schwarz aufstieg, und vom Augenblick (Erinnerung an ein Zeitungsbild), als die segnende Hand des geilen Führers sich auf die Stirn legte: o VaterundMutter, ausgerechnet mir, so daß Entzücken mir den Mund öffnet und den Kopf in den Nacken biegt, vor dem Licht der eindringenden Macht die Hände sich heben, abwehrend, empfangend; niedergezwungen von dir, werde ich im Versinken riesenweit, ausgelöscht, bin ich jetzt nie mehr schwach und allein! Spielende Kinder, die ins Verderben laufen, hat mein Vater (das schuldige Unschuldslamm), dessen Unterstreichungen, Ruf- und Fragezeichen die Sätze von Hitlers Mein Kampf nicht anders begleiten als die Sätze von Freuds Unbehagen in der Kultur, jene bedürftigen, sehnsüchtigen Menschen genannt, die Hitler, den armen verstoßenen Sohn (wie sehnsüchtig hatte er über die Grenze in die geliebte Heimat geblickt), benutzten, um ihre Wünsche zu erfüllen, und dafür sich bis aufs Blut benutzen ließen.
Mißtrauisch geworden, fürchte ich, ich würde, bemüht, die Wiederholung abzuwehren, im Anschauen der Geschichte mir erlauben, dem Wiederholungszwang nachzugeben. Es ist ja schön, den Kopf, um den Dingen auf den Grund zu gehen, tief hineinzustecken, daß Hören und Se-

hen vergeht, während oben die Dinge ihren Lauf nehmen. Schöne Hoffnung, wir seien befreit! Schöne Hoffnung, das Umgeistern der alten Wörter (Wünsche, Verheißungen) wäre ein endgültiges Hervortreiben, bevor sie nie mehr gebraucht würden, ein letztes Aufflammen vor ihrer endgültigen aschgrauen Leblosigkeit! Ein wenig von dieser zweifelhaften Hoffnung glaubte ich zu spüren, als ich diesen Sommer, an einem schwülen grauen Tag, im Gelände eines heruntergekommenen, von Abfällen und Feuerstellen durchsetzten, von verwilderten Obstgärten und fauligem Auwald umgebenen Freizeit-Paradieses die Überreste der sogenannten Wehrmacht und des Dritten Reiches besichtigen wollte: auf dem Parkplatz, den verstaubtes Gebüsch und rostendes Blech säumte, stand nur ein leerer Reisebus, der Lärm der Reisegruppe drang aus einem Bierzelt, und in der dumpfen, kalt ausgeleuchteten Ausstellungshalle, die ein Baustofflager vermuten ließ, rückten außer mir nur noch ein Mann und eine Frau schweigend und gleichgültig von Stück zu Stück weiter; als heimlicher Beobachter von Verbotenem, bereit zur Entrüstung, war ich hergekommen, aber ich fand nichts, und das ewige Hakenkreuz langweilte mich (was habe ich damit noch zu schaffen, nichts wie hinaus, dachte ich, mehr enttäuscht als froh).

Nein, so einfach wird es nicht sein, denn das Absterben der alten Wörter (Wünsche, Verheißungen) genügte nicht. Ich bin sicher, das vergangene Zukunftsreich und böse Familien-Märchenspiel wird sich nicht wiederholen, der alte erlöste Erlöser nicht mehr kommen. Aber wenn es auch scheint, Österreich (das ist: ein Geschehen zwischen Menschen) sei jetzt fest umgrenzt, sich selbst groß genug wie ein seltsam geformter Stein, seit es mit denselben Wörtern, die es im Dritten Reich zum Verschwinden gebracht haben, seine Wiedergeburt gefeiert und sich an sich selbst angeschlossen (schöner:) an sich selbst zu glauben begonnen hat, als ob das Glück jetzt nicht mehr von draußen, sondern nur von herinnen käme: so ist es für mich doch ebenso gewiß, die alte, Macht und Gewalt erzeugende Bedürftigkeit der Menschen bestehe noch immer unverändert, während der alte Anschluß längst gegen einen weniger faßbaren neuen eingetauscht ist (und ist nicht schon wieder von diesem Wort, aus dem in allen Spielarten seines Gebrauchs Angst vor einsamem Sterben und Todeswunsch spricht, als von einer wirtschaftlichen Notwendigkeit und Zukunft die Rede, ohne Scheu, als könnte es jetzt nur noch ein guter, ganz anderer Anschluß werden, nachdem es einmal einen so bösen gegeben hat?). Zöge ich den Kopf, behaftet mit dem, was ich gesehen habe, aus meiner Geschichte (oder Wörterschlinge), um nicht den Anschluß an die Welt zu verlieren, wüßte ich zunächst nicht, was ich mit mir geschehen lassen könnte; wohin mit der Sehnsucht, wohin mit der Wut, wohin mit dem Widerstand? Im maßlos erweiterten Gesichtskreis zeigten sich keine begrenzten Größen, sondern verzweigte sich knisternd ein Netz.

FRANZ RIEGER

Feinderfahrung

Meine Damen und Herrn,
ich kann Ihnen leicht versprechen, nicht ausfällig zu werden gegen das Land, in dem ich geboren, aufgewachsen bin und lebe, weil ich kein Räsoneur bin und die Wüste fürchte, die derlei Tiraden hinterlassen, oder dem Verdacht nicht entkäme, ich hätte mir das Horn entliehen. Was bleibt dann noch übrig zu sagen? Denn erstens bin ich kein Historiker, nicht einmal im Ansatz aus privater Vorliebe, bringe Deutungen dieser Art Skepsis entgegen, zweitens bin ich kein Agitator, was nicht ausschließt, eine politische Überzeugung oder Meinung zu haben; ich bin bereit, ein politisches Engagement anzutreten, wenn es gilt, das Unrecht am Menschen mit den Mitteln meines Handwerks aufzuzeigen. Oder ist das kein politisches Engagement? Man kann diese Einstellung überallhin ausdehnen und findet politische Ansätze genug, denn in welchen Bereichen als in den politischen und ähnlichen Institutionen ist im Verlauf der Jahrhunderte einschließlich in unserem mehr Unrecht am Menschen geschehen?

Ich mag das Land, in dem ich geboren, aufgewachsen bin und lebe. Manchmal liebe ich es, manchmal weniger. Und wenn ich Sie anspreche, meine Damen und Herrn, spreche ich dieses Land an, und wenn ich von mir rede auch, denn Sie und ich sind ein Teil dieses Landes, wenn auch nur ein winziger Teil des wichtigsten, nämlich des menschlichen Inhalts.

Ich bin im großen Inflationsjahr 1923 geboren. Als ich fünfzehn Jahre alt war, ist Hitler in Österreich einmarschiert, als der Zweite Weltkrieg ausbrach, war ich sech-

zehn, zwei Jahre später, also mit achtzehn Jahren, wurde ich zum Reichsarbeitsdienst eingezogen, vier Monate danach zum Militär, nach sechswöchiger Ausbildung stand ich an der Ostfront, Stellungskrieg, Rückzug, Verwundung, im Jahre 1944 Kriegsgefangenschaft in Italien, Einschiffung nach Amerika, USA, im Jahre 1946 Heimkehr über England.
Verzeihen Sie den Ausfall in persönliche Daten. Ich will damit nur sagen, daß ich einer unter den Tausenden bin, die alle mit dem gleichen Schicksal fertig zu werden hatten, es nicht wurden, nicht konnten, weil sie im Krieg blieben, oder es im Tode wurden — ich werde den Toten nichts absprechen —, es nicht wollten, weil sie das Vergangene schmerzlich oder unangenehm berührte, es nicht wünschten, weil sie etwas zu verbergen hatten, es nicht vermochten, weil sie zu wenig ehrlich waren, es nicht taten, weil die Verdrängung angenehmer war.
Die Kindheit verlebte ich im kleinbürgerlichen Haushalt auf dem Lande, Vater Lehrer, die Mutter sehr musisch; sie verloren ein kleines Vermögen durch die Inflation. Ich kannte das Geschehene aus den wiederkehrend gleichen Worten des Vaters, hinter deren Bedauern eine Art Erleichterung mitschwang, als verweise er auf eine lebend überstandene Katastrophe. Und man verdrängte es, wodurch noch kein Schaden entstand. Es war die Zeit bürgerlicher Prüderien und Unterdrückungsmechanismen, und die innenpolitische Landschaft war stark in Bewegung. Sie schwemmte uns Kinder mit. Das Elternhaus konservativ katholisch, in diesem Sinne mäßig autoritär, von uns Kindern durchbrochen mit Untaten, die selten ans Licht kamen, denn hinter dieser mäßig autoritären Wand gab es ungeahnte Freiräume, auch geschützt durch den ablenkenden politischen Hader. Es verging für uns in den Anfängen der dreißiger Jahre fast kein Tag ohne ein Zeichen des politischen Zwistes, und das in einem Dorf.

Das große politische Geschehen konnten wir nicht einsehen, auch waren Dörfer anders konstituiert als Städte, die Linke war hier nicht am Werk unter der überwiegend bäuerlichen Bevölkerung, umso mehr die Rechte, und wiederum zwei rechte Fronten, die der verbotenen Deutsch-Nationalen und die Österreichische, die Vaterländische, gleichbedeutend mit der Kirche. Erstere trat nicht offen in Erscheinung, umso mehr die letztere. Ich erinnere mich an viele Aufmärsche, an Straßenchöre, an die Splittergruppen, die die Namen ihrer Führer schrien und sich zusammenschlossen, an die Plakate, die überall hingen, auch an die der Deutsch-Nationalen, die nachts aufgeklebt und am Morgen abgerissen wurden, und es war ansteckend, wir Kinder wurden mithineingezogen und gebraucht gegen einen unsichtbaren Feind, den man zwar kannte, der sich aber nicht zeigte, weil er im Untergrund war, und je weniger er sich kenntlich machte, umso heftiger bekämpft wurde. Ahnte man die Gewalt des Sturms, der sich zusammenbraute? Es gab viel Haß, und wir blieben nicht verschont. Was die Erwachsenen sagten, dachten wir weiter, lebten wir aus im Spiel, Kriegsspiel auch, das unter der Anleitung Erwachsener stattfand, unter Annahme, der Feind, der unter uns lebte, marschiere durch die Rübenfelder auf das Dorf zu. Eine Bürgerkriegssituation also. Man hatte uns Uniformen, Wimpel und Trommel gegeben und uns Jung-Vaterland genannt. Daß der Nationalrat bereits aufgelöst war und nur mehr ein Mann, Dollfuß, regierte, wurde uns als Sieg beigebracht, daß der Februaraufstand der Sozialdemokraten 1934 blutig niedergeschlagen wurde, war der Beweis für die Fähigkeit des Mannes, und, erlauben Sie, daß ich zeitlich abschweife, der Beweis für die nachträgliche Machbarkeit historischer Ereignisse wurde mir diesbezüglich ein paar Jahre später bewußt, als ich in Passau zur Schule ging und unter den bayrischen Mitschülern allen Ernstes gespro-

chen wurde, Dollfuß habe 1934 einen Aufstand der Nationalsozialisten niedergeschlagen. Ich erinnere mich, daß ich verblüfft dagegen Einspruch erhob, doch schwieg, als ich merkte, daß man über meine wiederholt starre Behauptung den Kopf schüttelte. Ich war verwirrt.
Ich habe somit sieben Jahre persönliches Leben und Zeitgeschehen übersprungen und hole nach: Vom Elternhaus und Dorf weg ging es ins geistliche Internat, die einzige Möglichkeit in der bürgerlichen Vorstellung, wenn man auf dem Lande lebte, ein Gymnasium zu besuchen. Die repressive Erziehung war an sich nichts Neues, aber hatten sich im Elternhaus und im Dorf noch ungeahnte und bald entdeckte Fluchtwege geöffnet, hier war es damit zu Ende, oder beinahe, denn nur einige wenige Zöglinge fanden Formen der Flucht in Freiräume des Inneren; für junge Menschen die Gefahr, sich zu verheddern, andererseits unter Narbenbildungen, die blieben, über die Zeit hinwegzukommen und im Laufe der weiteren Entwicklung einer Zeit, der man unterworfen war, die Erfahrung zu machen: man war vom Regen unter die Traufe gekommen.
Der junge Mensch hat das Bedürfnis, sich an eine Autorität zu halten, sich nach ihr auszurichten, doch hier wurde sie zur Repression, zum Druckmittel gegen die freie geistige und körperliche Entwicklung, auf die der junge Mensch Anrecht hat. Die Internatserziehung von damals, so wie in den meisten Fällen die Schulbetriebe, waren in mancherlei Hinsicht die beste Vorbereitung für den Einstieg in den Nationalsozialismus. Wie ahnungslos die meisten von uns waren, beweisen genug Beispiele, die nicht außergewöhnlich waren, im Gegenteil zeigen, wie selbstverständlich die Erziehungsmethode angenommen wurde; man glaubte fest, die Repression sei ein notwendiger Bestandteil der Bildung. Der Druck der Erzieher, gegen den man sich nicht auflehnen konnte, setzte unbe-

wußte Aggressionen gegen Dritte in Gang, nämlich gegen Mitzöglinge; die Quälereien nahmen oft sadistische Züge an.

Warum sage ich das alles? Weil man überall da Beziehungen zur Zeit finden kann und weil der eine oder andere, meine Damen und Herrn, sich bestimmt mit dem Geschehen identifizieren wird und es nachvollziehen kann. Hier wird die Übergangslinie deutlich von der Repression zur Aggression als Folge des einen durch das andere; der von oben Getretene macht sich Luft, indem er auch tritt, und zwar nach seinesgleichen oder eine Stufe weiter nach unten. Ich fühle heute noch eindringlich die Beschämung beim Anblick dieser Szenen. Weil ich ein Buch geschrieben habe über das Internat, ergaben sich manche Gespräche oder Zusammenstöße mit ehemaligen Zöglingen, und jedes Lob beziehungsweise jede Zustimmung freute mich, keine Kritik, gerecht oder ungerecht, stieß mich ab, doch die lauwarme Teilnahme von einem ehemaligen Mitzögling, der Jahre Zeit gehabt hätte, darüber nachzudenken, regte mich auf und stimmte mich nachdenklich; er sagte, diese Aggressionen dürfe man nicht so ernst nehmen, wie ich das im Buch getan hätte, sie seien nicht so ernst gemeint gewesen. Ich sage dazu, ich habe sie in dem Buch noch zu wenig ernst genommen, aber da hätte ich aus dem Roman ein Pamphlet machen müssen, und das war nicht meine Absicht.

Sie wissen, daß die österreichische Front, die Vaterländische, wie sie sich nannte, die die National-deutsche Partei bekämpfte, sich zu einer politischen und militärischen Bewegung entwickelte, die der des Feindes ganz ähnlich war, ja sich von ihr im wesentlichen nicht unterschied. Wie konnte so etwas zustandekommen? Die Zusammenhänge haben Historiker aufgezeigt und zu klären versucht. Letzten Endes hätte keine Macht in Österreich die Gewalt von außen, den Einmarsch und die Annexion Hit-

lers, aufgehalten, meine ich. Aber wir machten es ihm leichter, weil wir darauf vorbereitet worden sind durch Wegbereiter wie Dollfuß, der alles andere ausschaltete und sein autoritäres Regime aufrichten konnte, trotz seines unscheinbaren Äußeren oder gerade weil es stellvertretend für das Österreichische an sich war: der kleine, fast zart wirkende, immer lächelnde Mann mit dem weichen Charme im Gesicht. Was für eine Verwechslung! Ich kannte viele, auch mir nahestehende Menschen, die ihm zujubelten als dem Retter Österreichs. Aber, wie gesagt, die Annexion hätte stattgefunden, auch wenn man sich anfangs gewehrt hätte, nur wäre in diesem Falle ein Unterschied maßgebend geblieben, man hätte in den Augen der übrigen Welt eine andere Stellung eingenommen, auch für die Dauer des siebenjährigen Interregnums von 1938 bis 1945, eine Fiktion, die ich mir erlaube und weiterspinne mit der Frage, ob wir uns richtig verhalten hätten, ob wir reif gewesen wären und stark genug, alles ohne inneren und äußeren Bruch zu überstehen, das heißt auch, ob wir die Bereitschaft für den Menschen als freies Wesen und für seine Verteidigung gegen das Unrecht besessen hätten?
Mich zurückversetzend in den Fünfzehnjährigen, der ich 1938 war, mich traf die Annexion wie ein Schlag; als Kind, gut österreichisch erzogen, hatte man sein Vaterland verloren, es war einem — ich spreche als Internatsschüler — gestohlen, weggenommen worden, denn unter Abschluß von der Öffentlichkeit lebend, von der nichts durch die dicken Mauern des Internats drang, baute man an wirklichkeitsfernen Vorstellungen, ahnte, wünschte, befürchtete ein Chaos, das keinesfalls in dem Sinne eintrat; im Freien angetreten, schrieben bereits uniformierte junge Männer unsere Namen in Listen und verkündeten, wir seien in die Hitlerjugend aufgenommen.
Ich muß von dem Erlebnis berichten, das für mich, den In-

trovertierten, eine verfängliche, zum Nachdenken auffordernde Situation ergab. Die Umschulung hatte begonnen. Fast täglich kamen junge, braunbehemdete Männer, legten uns ihre Vorstellungen klar, ließen uns Liedtexte aufsagen und singen, nahmen uns in kleinen Gruppen mit in die Stadt. Ich geriet mit ein paar Mitzöglingen in eine gutbürgerliche Stadtwohnung, ein älterer Herr im Kreise seiner Familie, Gymnasialprofessor, hieß es, der Mittelpunkt, um ihn lauter junge Leute, teils auf dem Boden sitzend, dem weichen Teppich, auf den hinzusetzen auch wir angewiesen wurden. Man sprach gedämpft, sang zwischendurch ein Lied, das einer auf der Gitarre begleitete. Unser Kommen hatte kaum die Aufmerksamkeit des Kreises erregt, man sprach gedämpft weiter, bezog uns nicht ein, sprach von sich, von vergangenen Leiden und Kämpfen, immer an die Person des Professors gewandt, wie an einen Guru, der alles lächelnd anhörte und absegnete mit ein paar Worten, die man sehr wichtig nahm. Eine fast feierliche Stimmung lag über dem ganzen, wie bei einer religiösen Zeremonie. Nach außen uns bekannte Zeichen, die Inhalte uns fremd, wir kamen nicht mit, verstanden zwar die Worte, doch nicht die Zusammenhänge, kaum daß uns die Ursache für unsere Betroffenheit bewußt wurde und wir schon gar nicht die Tatsache erkannten, daß bei uns Menschen zusammengelebt hatten, Menschen mit derselben Sprache, denselben Lebensgewohnheiten, doch innerlich getrennt durch zwei politische Parteien, die in Wahrheit ideologische Brüder waren, die sich bekämpften. Und da angelangt, die inneren Vorgänge ein wenig analysierend, hat man das Recht und die Pflicht, über die Erscheinung zu erschrecken. Man gerät ohne Wachsamkeit leicht auf abtreibende Wege. Gerade um die Erscheinung des Erkennens oder Nichterkennens der Tatsache dreht es sich, ich möchte sagen, hier ist der Angelpunkt, die Tür, die zubleibt oder sich öffnet; bleibt

sie zu und passiert nichts, hat man Glück gehabt, man hat mit der Gefahr gelebt, daß jederzeit etwas hätte passieren können, öffnet sie sich, steht man vor der nicht gerade angenehmen Tatsache, sich mit dem Eröffnenden auseinanderzusetzen oder man weicht der Auseinandersetzung aus und schließt die Augen; diese Freiheit hat man. Doch dieser Weg führt nicht weiter, er wird zur Sackgasse.
Das Reinen-Tisch-Machen ist Aufgabe eines jeden von uns. Man handelt und begeht infolge des Handelns Fehler, die man als solche erkennen muß, aus dem vordringlichen Grund, um sie nicht noch einmal zu begehen.
Also, wir haben bisher, das heißt von 1945 an bis jetzt, Glück gehabt, daß uns trotz des Blindstellens — es ist bekannt, daß es nicht alle taten — nichts passiert ist, auch durch den Umstand, daß nach einem verlorenen Krieg ein freier Raum um uns aufging, in dem die politische Wende ein Bedürfnis wurde, auch weil man gezwungenermaßen die Notwendigkeit erkannte, die demokratische Staatsform gleichsam der bisherigen entgegenzustellen; kraft des Unglücks, das uns tiefe Wunden geschlagen hatte, die zwar rasch heilten, aber Narben zurückließen, zweifelte niemand an der Demokratie. Doch um sie zu bewahren braucht es mehr, nämlich das ständige Wachsein gegen uns selbst, gegen ein erneutes Blindwerden, oder, sofern wir es noch sind, ist es nötig aufzuwachen, wach zu bleiben, um nicht wieder in Versuchung zu fallen und ihr nachzugeben. Der Feind ist also — verzeihen Sie mir die häufig gebrauchte Formel — in uns selbst, und ihn haben wir in Erfahrung zu bringen. Und Erfahrung ist etwas, was erstens jedermann selbst und für sich machen muß, zweitens als überkommen, meist in die Luft geschlagen, so weitergegeben werden müßte, daß ihre Wahrheit spürbar an der Wurzel der Existenz nagt. Den Mut zu haben, die Wahrheit in sich zu entdecken, legt Räume frei, auch wenn sie erschreckende Entdeckungen bergen.

Es ist hier nicht die Aufgabe, und man könnte ihr in diesem Rahmen nicht nachkommen, die erschreckenden Entdeckungen alle aufzuzeigen und ihnen gerecht zu werden. Klar ist mir, daß sich in der Folgezeit des Krieges fatale Situationen ergaben, die größtenteils über unsere Köpfe hinweggingen, jedem einzelnen aber im kleinen Rahmen Freiräume ließen oder gelassen hätten, die man nützen konnte oder nicht nützte. Als Folge unseres Status waren wir Österreicher im Krieg Waffengefährten der Deutschen, waren es mit der Anerkennung der Annexion auch geworden, nun — ich spreche als Kriegsteilnehmer — konnte man aus der Situation, in die man geriet, etwas machen oder nicht, ich meine etwas positiv Menschliches den Kameraden und auch dem Feind gegenüber. Das alles hört sich simplifiziert an. Aber draußen an der Front kam es darauf an, da schwieg auch jede Politik, da trat das Menschliche so deutlich und nackt hervor, daß andere Maßstäbe abfielen. Ich will damit nicht sagen, daß nicht auch die Kehrseite des positiven Handelns zum Vorschein gekommen wäre. Doch ich gestehe, derlei Situationen an der Front nicht erlebt zu haben.
Wenn ich jetzt einhalte, dann darum, weil ich bereits an der Stelle angelangt bin, wo es zu spät war umzukehren. Doch die Wurzeln des Übels liegen am aufgezeigten Beginn, der vielen von uns nicht oder zu wenig klar war, wohin er führen würde. Keine Entschuldigung. Man dreht das Rad der Geschichte, wie es so heißt, nicht zurück.
Und damit bin ich da, wohin man von selbst gerät, wenn man sich mit dieser unserer Vergangenheit auseinandersetzt, an dem Punkt, der magnetisch anzieht, dem Holocaust. Ich glaube nicht an eine Kollektivschuld, das wäre die Pauschallösung einer Verhaltensweise, die wie jede menschliche Verhaltensweise viel differenzierter ist, als daß man sie so, mit einer Handbewegung, abtun könnte. Es wäre eine Art Anachronismus. Mit der Frage nach der

Schuld stellt sich die nach den Schuldigen, nach Unrecht, Recht und Gerechtigkeit. Die Schuldigen sind ausgemacht, wenn auch nicht alle dingfest, das Unrecht gegen die Menschlichkeit schreit zum Himmel, das Recht zu dieser unmenschlichen Vorgangsweise nahm man sich aus blinder Machtgier und falscher Einschätzung alles Werdens und Vergehens, einer unphilosophischen, wenn auch einen Mythos kreierenden Lebenshaltung, die ähnlich, doch nicht verwechselbar in manch anderen Epochen unseres Planeten unter den Menschen zu finden ist. Es gibt keine Entschuldigung. Und das ist es, was uns das Leben schwer macht. Ist es damit abgetan, Köpfe rollen zu lassen? Der Schreck sitzt uns in den Knochen, so tief, daß wir ihn noch tiefer versenkten und sitzen ließen, bis wir glaubten, man spüre und kenne ihn nicht mehr. Doch er arbeitete da tief im stillen weiter, bis er wieder emporkam, erweckt durch einen ihn auslösenden Umstand. Und nun, nach so langer Nichtinanspruchnahme, zwingt er uns, ihn in Anspruch zu nehmen. Wenn Sie und ich auch nicht schuldig sind in dem Sinne, unschuldige Menschen ermordet zu haben, so fühlen wir uns durch die Schuld der Täter betroffen, weil die sich unter uns befanden, sozusagen unsere Mitbürger waren, vielleicht der eine oder andere aus unserem Nichtwissen oder Halbwissen und unserem uns auferlegten Schweigen immer wieder Mut zu neuer Untat schöpfte.
Der Versuch, mit diesem uns auferlegten Wissen zu leben, erfordert einen Schnitt ins Fleisch, in die eiternde Wunde, was weh tut. Die Narbe bleibt; denn ganz bewältigen können wir es nicht.
Wir haben jetzt einige Jahrzehnte lang Demokratie gelebt und erlebt, vieles richtiger gemacht, auch manches falsch, Politik nach mancherlei Richtung mitangesehen, mitangehört und mitgetan oder uns ferngehalten. Wir haben die Freiheit der Meinungsbildung und demgemäß des Han-

delns im Rahmen einer demokratischen Gesetzgebung, doch wenn wir uns das alles nicht täglich neu geben, jedermann von sich aus und für sich, unter Beachtung der menschlichen Spielregel, fallen wir zurück in die besagte Zeit der Repressionen. Die Aufrechterhaltung des demokratischen Gefüges beginnt bei jedem einzelnen von uns, dann von Nachbar zu Nachbar und bewegt sich so fort.
Auch Demokratie ist ein menschlich fehlerhaftes Gebilde, unter ihrem Mantel nützen manche, nur etwas verdeckter, die Leichtgläubigkeit und Unbildung, die Kleingläubigkeit und Angst des Menschen für sich und paktieren im Schutze der Parteienwirtschaft hinter dem Rücken des Schwächeren mit dem Teufel. Und dennoch, wer weiß eine bessere und geeignetere Form des menschlichen Zusammenlebens im Staate?
Auf dem Weg zum Wahllokal, bei einer Nationalratswahl, begegnete ich einem sehr alten Mann, ehemalig selbständiger Handwerker, dem ich mich anschloß, weil er das Wort an mich richtete. Er war in seinem Sonntagsanzug, durch das Ereignis irgendwie gestimmt, was er auch mit Worten zum Ausdruck brachte, sagte, er mache es sich freiwillig zur Pflicht, und: er habe schon ein paar Staatsformen erlebt. Als wir das Lokal betraten, meinte er lächelnd: Wählen wir nun von allen Übeln das kleinste.

JUTTA SCHUTTING

ach, liebes Österreich

Immerhin, liebes Österreich, damit unbeschwert-dümmlich begonnen sei, die Zweite Republik dauert nun schon gut doppelt so lang wie die Erste, immerhin; die Zeit der Besatzung wird von uns als etwas gesehen, womit wir recht glimpflich davongekommen seien (und das auch von denen, die von der »Russenzeit« reden als der, in der Uhren gestohlen und Frauen vergewaltigt wurden, ohne jemals hinzuzufügen, was ganz anderes der russischen Bevölkerung angetan worden ist), niemand schimpft den Staatsvertrag einen Diktatsvertrag, zumal ja, zum Beispiel, AH und nicht die Herren Churchill und Stalin ›unser Südtirol‹ ...; immerhin: auch in gewissen Kreisen des Inlandes wird uns nicht mehr der Nationalfeiertag streitig gemacht bzw. die ›österreichische Nation‹, indem sich auch bei uns die pragmatische Auffassung durchgesetzt hat, man sei der Nation, deren Staatsbürger man ist, kaum noch ist von denen zu hören, die davon beleidigt sahen die deutsche Kultur- und Schicksalsgemeinschaft, wann immer die zuletzt (muß ich hinzufügen: abgesehen von ...?) zwischen Deutschland und Österreich bestanden hat; und es hat sich ganz selbstverständlich ein Nationalgefühl in uns entwickelt, dem die Freiheit von Bündnispflichten entgegenkam, Neutralität, die uns vieles erspare und der der Wohlstand der Schweiz innewohne, unsere Bedeutungslosigkeit ›im großen‹ haben wir ganz leicht kompensiert durch eher eingebildete, uns jedenfalls von den Großen nachgerühmte kulturelle und (man versteht nicht recht:) vermittelnde Bedeutung, und wo hätten wir Zwerge uns nicht überall aufgespielt!

aber es darf einem schmeicheln, wohlwollende Staatsbe-

suche seine Heimat lobpreisen zu hören als im Herzen Mitteleuropas gelegen, feierlich-geographische Metapher, immerhin, als am Schnittpunkt gelegen zwischen Ost und West, feierliche Österreich-Geometrie des Wedernoch und Sowohl-als-auch, staatlich gelenkter Liberalismus und dergleichen mehr, und dem wäre die Schmeichelei hinzuzufügen, daß wir dank unserem Hang zu Kompromissen auf dem Niveau unseres Lebensstandards das Nord-Südgefälle harmonisieren, siehe die uns nachgerühmte Sozialpartnerschaft, diese Verhüllung anderswo noch nackter Klassengegensätze!
eine gewisse Genugtuung auch, daß sich noch immer Ungarn, Slowaken, ja sogar Tschechen (und nicht nur solche in hohem Alter) zu der Bemerkung lenken lassen, wir sollten auf eine neue alte Art zusammengehören; daß einige gar nicht ganz wenige in den Regionen von Triest und Friaul gegen die Länderpolitik der Zentralregierung protestieren, indem sie, die Bürokratie unseres Kaisers Franz Joseph herbeisehnend, in der es keine Korruption gibt und keine Mißwirtschaft, die Kaiserhymne singen
Jugoslawien allerdings läßt uns noch auf das Kompliment warten, Minderheiten seien in der Regel keinem noch so aufgeklärten Staat zu wünschen, bloß wir hätten aus dem Vielvölkerstaat das kosmopolitische Gespür herübergerettet, wie man, wenn es not täte, mit viel größeren Minderheiten als der slowenischen fertig würde, auch die Schweiz, allerdings, macht feindselige Österreichwitze, weil wir bezüglich unseres Bundesheeres nicht viel mehr wollen, als es haben zu müssen, aber was macht das: auf einen von uns hört die freie und unfreie Welt, als Österreicher nicht bloß gelernter Diplomat, mit verbindlichem Lächeln tritt er an die Tische gekrönter und ungekrönter Häupter und nimmt ihre Bestellungen auf, versteht es, im Namen des Weltgewissens Unverbindliches zu sagen, denkt sich sein Teil, und läßt die anderen reden, ach Gott!

auf den fein-österreichischen Tonfall, auf die fein-österreichischen Umschreibungen und Umschweife, auf das Hofratsdeutsch, unsere altmodischen Fremdwörter, auf all die Falschimitation von Urbanität, auf unser Österreich-Getue sind sie uns hereingefallen, auf das Beamtenadelsgedünkel, auf angemaßte Ironie, und nun sind wir in *einer* Karikatur zu erkennen, und auf vieles andere fällt nun wohl das rechte Licht, wieviel fauler Zauber ist an unserem Poetischen, wie schmierig doch freundlich als elegant Mißdeutetes, ganze Bücher gibt es für Österreich-Freunde über österreichische Wörter und Abweichungen von der Hochsprache, nur jetzt jeder Sonderbehandlung der Sprache sich enthalten, allzu selbstgefällig haben wir das betrieben, nur der Wesenszug ›herzlos, aber sentimental‹ bleibt uns nachzurühmen
aber auch wir selber haben uns von den Filmen der Nachkriegszeit gerne vor Augen führen lassen, daß fast noch österreich-ungarische Zusammengehörigkeit sei, arm auch Hofmannsthal, der mit seinen Gesellschaftskomödien, schon damals nicht mehr wahr, daran schuld ist, daß wir in seinen Figuren so leicht unser wahres Wesen zu erkennen glaubten, mit einem: »so sind wir, und dabei bleiben wir!« uns hinweghebend über ganz anderes, und plötzlich kommt uns alles beschönigend Unterlassene und halbherzig Betriebene heim!

liebes Nationalgefühl, das du dich, lang ist's her, schon einmal verletzt gezeigt hast, ganz unbedenklich —
warum sollten wir uns nicht, wenn unserem Weltschi-Elitebewußtsein nahegetreten wird durch den Ausschluß unseres sicheren Siegers von den Wettkämpfen aller Nationen, von aufgebrachten Zeitungsberichten und seine Heimkehr ankündigenden Radiomeldungen aufreizen lassen, wenn wir dann doch bloß *einem* die Straßen säumen und zujubeln, der mit so viel harmloser Sympathie,

Krönung seiner Karriere, für den ihm verwehrten Sieg entschädigt gehört, ja vielleicht war für alle die, welche ihn am Ballhausplatz mit dem Bundeskanzler auf den Balkon treten sahen und begeistert aufgeschrien haben, das trübe Bild von AHs Heldenplatz ausgelöscht,
kleiner Schönheitsfehler bloß, daß am Sport uninteressierte und ansonsten vernünftige Freunde beleidigt sind, wenn man sich nicht mitentrüstet, und daß sie, besorgt um ihre Empörung, es einem versagen, auszusprechen, inwiefern er ja wirklich — wie zwar andere vor ihm auch — gegen das Reglement verstoßen habe; größerer Schönheitsfehler, daß zur Demonstration österreichischer Beleidigtheit gleiches Unrecht für alle gefordert wird, nämlich daß die österreichischen Sportler, von denen manche genauso wie er zum letzten Mal an einer Olympiade teilnehmen wollen, sofort abberufen gehörten.

aber wie steht es mit dir, österreichisches Kulturgefühl?
es mag tendenziös sein, daß ich dich nun an die Feindseligkeiten gegenüber Lorin Maazel als Opernchef erinnere: auch solche, die eher nie in die Oper gehen, haben sich an der Glücklosigkeit zweier Premieren mit Schadenfreude delektiert (vor ihm und nach ihm ist Mittelmäßiges, Mißglücktes und Projekt Gebliebenes recht nachsichtig hingenommen worden), unschön ist seinem Abschied entgegengearbeitet worden — noch kann man, anders als einige Jahre später nach George Taboris ›Buch mit sieben Siegeln‹, Töne überhören, die man lieber nicht gehört haben will, dies sei bloß die lokal-österreichische Aversion gegen einen (ungut genug dies:) dahergelaufenen und großgoscherten Amerikaner, besonders aufreizend, daß er nicht daran denkt, uns schön zu tun
(hätten wir uns in bezug auf Tabori zu einer unschuldigeren Zeit lächerlich gemacht, da es da ja auch noch nicht Anpöbelungen gegeben hätte, hätte man es bloß verwun-

derlich finden können, wie kurios doch wir österreichischen Katholiken seien in der Erwartung, die Apokalypse werde uns von einem, der Apokalyptisches erfahren hat, so dargeboten werden, daß wir noch immer nicht wahrhaben müßten, welche Schrecken ihr Gegenstand sind; wie kurios das Angewidert-sein sei, daß uns an einem Ort, an dem in der Regel nicht nur vergoldete Barockengel sich tummeln, sondern auch mit Gusto Gemarterte in nie endendem Martyrium hängen und die mehr oder weniger übel zugerichteten Leichen eines Hingerichteten, die Vision von den letzten Wahrheiten so nackt gezeigt wird, wie es sich für die Wahrheit gehört)

»Ich habe ihn nicht gewählt!« — solch eine Plakette, die es zu jener Zeit nicht gegeben hat und in dem Typus Staat nur als Brandmarkung eines vom Volksheil ausgeschlossenen Verräters von Anbeginn hätte geben können nach erzwungenem Schuldbekenntnis oder verängstigter Selbstdenunziation, solch ein Abzeichen, das, wenn es es gegeben hätte, vielleicht die sich angesteckt hätten, deren Angst vor den Folgen — vogelfrei, welch ein Wort! — geringer war als die Scham, Mitbürgern zu begegnen, die einen gelben Stern tragen mußten, solch eine Plakette hätte 1945 ein jeder Österreicher den Alliierten als eine Stoptafel entgegenhalten können, und das haben ja auch im Wortlaut ›Militärische Okkupation‹ die Vertreter Österreichs im Namen aller getan —
welche Wahlaussichten AH einer Volksabstimmung zuvorzukommen bewogen haben; wie hoch oder wie gar nicht hoch er diese verloren hätte, darüber gibt es wohl Nichtwahl-Analysen und mehr oder weniger spekulative Hochrechnungen durch Historiker — schade, daß sie nicht ihre Studenten zu Meinungsbefragungen in die Gräber ausschicken können mit einem ins Jenseits reichenden Mikrophon: Wie werden Sie wählen und warum?

in wohl vielen Häusern, in denen mehrere Parteien wohnten (nur in den ›Hausparteien‹ hatte für mich die Mehrzahl von ›Partei‹ existiert), hat es die vermeintlich oder wirklich gefährliche schlau-dumme Person gegeben, die, wie in dem mir vertrauten Haus als ›Abgesandte des Führers‹, die anderen überwacht und auf dem Hausflur Befragungen unterzogen hat (wieso ... schon wieder Heimaturlaub habe; mit welchen Marken die neuen Kinderschuhe angeschafft worden seien), wie vor einem richtigen Verhör haben sie ihre Antworten genau bedacht, niemand hätte ihr so viel Beobachtungsgabe und Autorität zugetraut; in wohl fast genauso vielen Familien mußte man vor zumindest einem aus der näheren oder ferneren Verwandtschaft auf der Hut sein (ich denke da an eine Wiener Tante, die von ihrer Salzburger Cousine beschworen worden ist, ihr nichts mehr von den Vorkommnissen im Gestapo-Haus zu schreiben, unausdenkbar, was geschähe, wenn solch ein Brief ihrem Sohn in die Hände fiele; an ein Geschwisterpaar, das bis zum Verstummen verkrampft war vor befreundeten Kindern, nach einer so drastischen Strafandrohung wie der, die Eltern würden erschossen oder für immer ins Gefängnis geworfen, sollten sie etwas von dem erzählen, wovon sie die Eltern leise sprechen hören haben) —
mir ist es 1945 als der Inbegriff des Taktes und der großmütigen Bedachtnahme auf die Scham der nun wieder harmlosen Hausparteien und Verwandte erschienen, als Dank für die von keinem ganz verdiente Befreiung aus der Bedrückung, daß in solch einem Haus und in solchen Familien über diese Unerquicklichkeiten — mehr war es ja nicht, verglichen mit anderem der zu Ende gegangenen Zeit — nie ein Wort ›verloren‹ wurde, auf so Dunkles nur angespielt wurde, und ich bin sicher, daß es niemals zu einer Aussprache zwischen einstmals Gefährlichen und einstmals Eingeschüchterten gekommen ist: die Scham

des Onkels, eine so große, daß er seine Mutter nicht um Vergebung bitten konnte; daß die Großtante ein Zusammentreffen für so lange Zeit meiden wolle, bis es, wie ein Weihnachtslied zu Ostern, nicht mehr passend wäre, mit einem bittend-fragenden Blick ihren begütigenden Gegenblick zu suchen, er solle durch nichts an seine gewiß nicht ernst gemeint gewesene Drohung erinnert werden, die Hauptsache, daß er nun ein anderer sei, geläutert wie die wieder in die Kirche gehende Hauspartei, diese Scham hatte ich ihm leider nur angedichtet, zeit seines Lebens haben bedenkliche Auffassungen in ihm weitergelebt, die man betreten überhört hat, die Tante hat ihm nie über den Weg getraut, ihn nur ganz allgemein in ihre Gebete eingeschlossen

liebe kleine österreichische Ärgernisse
was sagen Sie jetzt: das ist doch eine hochherzige Spende, die der Bundeskanzler für das jüdische Museum in Amsterdam überreicht hat!
es hat bloß der Nachrichtensprecher zu sagen vergessen, daß der Österreicher Seyß-Inquart Reichsstatthalter der besetzten Niederlande gewesen war!
aber die Republik Österreich wird in einem Symposion die Belange der jüdischen Staatsbürger …
und wer veranstaltet diese Besprechungen mit Österreichern jüdischen Glaubens? ein Institut für Außenpolitik!

werte österreichische Verstocktheit, Beschränktheit und Gemeinheit!
daß das Land, in dem man lebt, auch das eure ist, daran allzu oft erinnert zu werden, das lernt man vermeiden, du hast, liebes Österreich, so viele Wirtshaustische, daß man sich schnell an einen anderen setzt, sobald eines unserer alten Unteroffiziersantlitze zu räsonieren beginnt, und sollte ein bis dahin sehr lieber Mann auf eine bestimmte

Art melancholisch werden, kann man, nicht immer, der Unterhaltung eine Wendung geben, damit nichts über die große Zeit kommt (heutzutage ist das etwas anders: man muß weniger auf Schwärmerisches vorbereitet sein als darauf, wer nichts aus der Geschichte gelernt hat),
die schöne Aussicht auf Berge und Seen braucht man sich nicht zu verderben durch ein Geblätter in Vereinszeitschriften, die Enkelkinder eines Privatzimmervermieters werden von seiner kleinen Bibliothek keinen Schaden nehmen, da sie wie alle heutigen Kinder die Frakturschrift nicht lesen können, in deinem heiligen Land Tirol braucht man weniger auf der Hut zu sein, wegen des nie ganz verwundenen Verlustes von Südtirol wird dort wohltuend oft ›das war unter den Nazis‹ gesagt, es werden nur wenige sein, die sich den Ritualmord an einem verschollenen Kind nicht nehmen lassen wollen, und was immer sie, befragt, Gott behüte!, antworten würden, könnte es nicht aufnehmen mit der Infamie einer gewissen Ärztegruppe, die dieses Kind durchsetzen wollte als Schutzpatron für von der Abtreibung bedrohte Kinder,
warum nicht nur wortlos seine Sachen nehmen und sich in einen anderen Waggon setzen der Salzkammergutbahn, sobald das betagte Ehepaar, amerikanische Adressen an den Koffern und auf der Anreise ins Sommerfrischenland der Jugendzeit in Ischler Tracht gekleidet, ausgestiegen ist, ohne etwas bemerkt zu haben von den beredten Blicken, da-kannst-nichts-machen-Seufzern, kaum daß die alte Dame mit einer fast ausgestorbenen, um nicht zu sagen: ausgerotteten Sprachmelodie ihren Mann etwas gefragt hatte,
man muß sich von dir, Österreichisch-Widerliches, solange du bloß flüsterst, nicht den Tag verderben lassen; bloß im Ausland, wo anders Betrübliches wenigstens hinter dem Schleier einer fremden Sprache bleibt, bedankt man die Urlaubsferne zur Heimat, sobald ein Witzbold aus

einer provinzösterreichischen Reisegruppe, deren Autobusaufschrift wie Rappoldstätten oder Hochwaxenkirchen einem übers patriotische Herz gelaufen ist, zur allgemeinen Gaudi etwa vermutet, Michelangelo habe so zugeschlagen, daß der alte Moische noch immer zwei Tippel habe, oder ob er etwa von seiner Sarah gehörnt worden sei

in deiner Bundeshauptstadt, übelwollendes und liebes wohlmeinendes Österreich, spazierenzugehen, und man sollte wohl immer, übermorgen wie vorgestern und gestern wie heute, mit Radiergummis, Waschbürsten, Schreibgeräten und Farben ausgestattet sein, um wegzunehmen oder unkenntlich zu machen das eine wie das andere Zeichen, das eine wie das andere Wort und die Parolen gleicher Geisteskindschaft; um solche Dokumente, als ein Mahnmal stehen gelassen, mit einem kleinen Kommentar zu versehen oder bloß der Jahreszahl, nach dem Vorbild derer, die ebenfalls das Bedürfnis haben, dergleichen an die Wand gemalten Drohungen, wer oder was lebe und wiederkomme, wer oder was raus solle, ein ›Nie wieder‹! entgegenzusetzen, viele jener Minus-Zeichen für Österreich werden, wenn nicht aufgehoben, so doch austariert durch solch ein Plus.
seit gut zwei Jahren ist von der Mauer vor dem Belvedere, letzte Station des D-Wagens vor dem Südbahnhof, in großen Lettern AUSLÄNDER BLEIBT — NAZIS RAUS! zu lesen, Richtigstellung, der man nicht allzu froh werden kann, zumal die wie durch ein Wunder frisch bleibende Schrift vielleicht nicht nachgezogen wird durch immer einen anderen Österreicher dieser Ansicht, vielleicht von einem mit Österreich-Werbung Beauftragten wetter- und kratzfest gemacht worden ist, siehe das O5-Zeichen des österreichischen Widerstandes neben dem Riesentor des Stephansdomes, das seit einiger Zeit so stattlich ist, daß

das nur ein Denkmal sein kann für ein Geheimzeichen, unübersehbar, und so darf man nun, sooft man dort vorbeikommt, ausländischen Touristen erklären, was es damit für eine Bewandtnis habe — schade, daß man nicht berichten kann, des ihnen genommenen Namens und der christlichen Barmherzigkeit sich besinnend, hätten die Österreicher sich hier schon im Frühjahr 1938 zusammengeschart, nach einem Gebet zur Schutzmantelmadonna die Lastwagen umstellt und keine Abtransporte zugelassen …

welch einen beschwörenden Appell richtet dies AUSLÄNDER BLEIBT an all die unbedankten Jugoslawen und Türken, da gewisser sie alle heimgefahren sein werden, als daß wir keine Nazis mehr hätten, und wie gut, daß jeder frisch Angekommene, dies lesend, sich gefaßt macht, in was für einem Land er arbeiten möchte, was ihm als Tourist so blühen kann, und sei es bloß zur Begrüßung eine ungehaltene Belehrung in der Straßenbahn durch einen, der alle europäischen Fahrscheinautomaten sofort zu bedienen versteht.

gewiß, unliebes Österreich, der alle paar Wochen meiner Hausbesorgerfamilie Petrovic an die Tür geschmierte Davidstern droht nicht mit dem, was auch Zigeunern widerfahren ist, ungelenk wie das ihn begleitende Wort oder Hakenkreuz tut er in Kinderhand-Höhe wohl nur kund, daß sich ein Kind mit Verbotenem einen Seelenkitzel verschafft habe, und all diese deine Zeichen sind so leicht zu übersehen wie Markierungen in einem finsteren Wald; es hat zwar nichts zu besagen, aber viele Hakenkreuze wollen nicht mehr so recht gelingen, stürzen um, liegen, sich dahinschleppend auf einem zu langen Querbalken, auf der Goschn; es kommt selten vor, daß einer, der sich nicht anders Luft machen darf, auf einem jüdischen Friedhof auf Grabsteine, die mit hebräischer Schrift als die gläubiger Juden beglaubigt werden, JUD schmiert in beleidigen-

der Absicht, an einem Ort, wo vieles jüdisch ist, auch der Name des Toten, Jud dorthin schmiert, wo ganz bestimmt kein Jude ist, nur sein Stein; daß einer, inmitten von Toten Toten den Tod wünschend, ›Juda verr...‹ auf die Friedhofsmauer schmiert,
Unliebsames wie nach der TV-Serie Holocaust läßt sich vermeiden, indem man sich für ein paar Tage verproviantiert (nur Christen haben sie in Geschäften zur Rede gestellt, etwa fragend, wann denn jemals Juden ein Haus angezündet worden sei),
aber nun ist der Faulschlamm aufgerührt, der niemals vor Scham in den Boden versunken ist, aber wenigstens all die Jahre unter sich gegründelt hat, oder hätte es all die Jahre ein Christ oder Nazi sich herausgenommen, öffentlich Beleidigendes gegen Juden zu sagen? Sitte, mit der nun gebrochen worden ist

liebe Österreich-Enttäuschung!
aus vielen Volkesstimmen lallt nun wieder und räsoniert auch öffentlich der primitive Gott, der uns durch einige Jahre immer leiser aus uns zu sprechen glauben machen hat mit ersterbenden Stimmen und dessen Verstummen in immer mehr Menschen ein Kennzeichen wäre humanen Fortschritts und der Zivilisation,
was sonst ist dies als eine neue Niederlage der Aufklärung, die ja nur zu der von unverläßlichen Gefühlen und primitiven Instinkten freien Oberschicht des Menschen sprechen will und kann, zu seinem Verstand und seiner Vernünftigkeit, unerschütterlich vertraut sie der Überzeugungskraft von Argumenten und Fakten und der Unwiderstehlichkeit von Begriffen wie Menschlichkeit und der Vergeistigung von Gefühlen zu einem allgemeinen Gerechtigkeitssinn, zu einer Menschenliebe guten Willens,
naiv sie in ihrem Glauben, diejenigen würden begierig nach Belehrungen über sittliches Denken und Handeln ihr

zustreben, die nicht am eigenen Leib, aber in der eigenen Seele erlebt haben, wie dünn die Schutzhaut der Zivilisiertheit geblieben ist, wie leicht und rasch sie zerreißt und roh Gebliebenes ihr entschlüpft, sobald die rechtsstaatliche Tradition hinweggerafft wird; die ja und nein mitangesehen haben, wes Menschen fähig sind, wenn sie, des kümmerlichen Gewissens entbunden, Unrecht vollziehen sollen oder dürfen; naiv sie Aufklärung in ihrem Glauben, daß aus einem dunklen Wahn geweckt werden will, aus dem zu erwachen nicht einmal in einem Märchen glücklich macht —

aber worauf sonst als auf unsere Erziehbarkeit zu Menschen vertrauen, wenn es unter uns so wenige gibt, die instinktiv menschlich handeln, die von Geschichte und Politik nichts zu wissen brauchten, weil sie, gegen das Böse gefeit, gar nicht anders können als sich als Menschen zu erweisen; wie nicht darauf bauen wollen, daß der uns meisten verkümmerte Herzensanstand zu kompensieren sei durch Hirnanstand, erwerbbar durch staatsbürgerliche Anstandslehren; daß ein Katalog zu erstellen ist, nach dem von Kindheit an Roheit, Bosheit, Feindseligkeit gegen Schwächere, Geringschätzung von Nichtvertrautem ... überwunden werde; dank dem jeder früh genug erfahre, welche der ihm innewohnenden Gemeinheiten ganz besonders zu überwachen seien und daß, wenn es sein müßte, all dies in zivilen Zeiten Eingelernte auch in schlechten Jahren sich halbwegs bewährte?

aber, unerwünschte Selbstgerechtigkeit, man kann nicht in die hineinschauen, die einem verstockt erscheinen und vielleicht nicht meinen, was sie sagen, um sich unzugänglich zu zeigen, was wäre man in Bedrängnis selber wert, welche Ausreden wüßte man sich danach zu finden, also freuen wir uns über jeden, der dem Gedanken zu gewinnen ist, daß es doch zweierlei ist, ob man zufällig von einer Bombe getroffen, im Krieg verwundet wird oder ob man aufgrund seiner Geburt jede Minute in Lebensgefahr ist; daß die NS-Verbrechen mit den Verbrechen in Kambodscha nicht gleichzusetzen wären, weil ... (und zugleich scheint jeder, den solche Antworten befriedigen, die Aufklärung bloßzustellen als etwas, das es gar nicht geben müssen dürfte, weil doch nur eines zählte: daß es keiner Worte bedürfte! daher auch das Unbehagen, zu sagen, daß viele Emigranten gehungert haben, in England die deutschen Bombenangriffe miterlitten haben; als wäre ein Makel daran, wenn man nicht bloß dem Umgebrachtwerden entrinnt, sondern einem aller übrigen Orte eine Weltkarriere geebnet würde)

leidiger ZeitgeschichteUnterricht mit dem schrecklichsten aller Kapitel!

von vielerlei scheint dein Erfolg abzuhängen (zu messen vielleicht an der größeren oder kleineren Abwehr, die einem entgegenweht): ob man als Lehrer sowohl resolut ist bezüglich dessen, was Heutigen zuzumuten ist, als auch sich die Pein anfühlen läßt, daß man nun eine heitere Gesellschaft von Jugendlichen mit Furchtbarkeiten (nun ja:) behelligen müsse; ob man, bemüht, sich nicht zu viel Gefühlsbewegung anmerken zu lassen (das könnte ihnen peinlich sein), nicht zu sachlich berichtet; ob man Dokumentarmaterial schonungsvoll auswählt, damit sich nicht unheilige Schauer einschleichen; ob man mit Gelassenheit auf das antwortet, was durchschimmern macht recht betrübliche Ansichten in eines Elternhaus; ob die sich mit einem in Debatten einlassen, die aus trüben oder vergifteten Quellen ihr Wissen schöpfen, böseste Verleumdungen als unterdrückte historische Wahrheit — eine Voraussetzung für eines (für meine) Glaubwürdigkeit scheint zu sein, daß man in fast zu weit gehender Gerechtigkeit gewiß nichts unterdrückt hat an kleiner Kriegs-Mitschuld auf der Seite der anderen, angefangen von den Friedensverträgen; ob man auch die Verbrechen Stalins ...

liebes Österreich
hilflose Appelle nun, wir alle sollten Trauerarbeit leisten, nicht um die Millionen, um jeden einzelnen sollten wir trauern —
wo wären die Schuldgefühle, überwuchert wie ein aufgelassenes Grab, wo wäre der Schmerz, dem sich hinzugeben für die Seele besser sei als mit aller Verkrampfung aus Schmerzangst sich ihm zu widersagen, wie tief vergraben die Trauer, nach der, guten Willens, sie zu finden, zu graben wäre, bis sie einem aus dem verschütteten und vertrockneten Herzen in die Augen stiege?
wer dieser Mühsal sich nicht versagte, würde, tränenlos geblieben, die nicht beleidigen, die sich zusammenziehenden Herzens er nicht beweinen kann, nicht beleidigen die, deren Trauer die Zeit heilen möchte, die aber immer wieder in sie zurückgeholt werden, von ganz Alltäglichem an die Bilder gemahnt, die ihnen nie entschwinden werden,
und noch während einer dies sich sagt, geschähe ein Tränenwunder:
einem jeden von denen, die niemals einem der Schreckensbilder in die Augen gesehen haben, vor die sie nicht geschleift worden sind mit ihnen aufgesperrten Augen, Bilder, mit denen sich immer nur die gequält haben, die dies denen schuldig zu sein glaubten, unter deren Leichen auch sie sich hätten befinden können, steigt das Bild eines auf, nach dessen Verbleib er nie gefragt hat, unter Traumtränen; ein jeder tut seinem Kind die Liebe, auf die dieses alle die Jahre gewartet hat: im Schlaf hört es ihn weinen, findet ihn liegen über solch einem Bild,
die nackte Millionenzahl, von ihrer Unvorstellbarkeit verhüllt wie der Begriff der Ewigkeit, fließt auseinander in einen unendlichen Leichenzug, in dem millionenmal wiederkehren bekannte Gesichter, ein Tränenstrom zieht durch unser Land, alle tauchen mit ihrer Trauer in ihn ein

und entsteigen ihm gereinigt, durchschüttelt von dem, was so starr sie verweigert hatten, entmumifiziert ihre Herzen,

Traumbild auch von einem in den Himmel reichenden luftigen, weil aus Seufzern aufgebauten Gedenkstein: was rückblickend einem jeden am meisten leid tut, wäre nur noch als eingeschattete Wolken da (Ich hatte nicht einen einzigen Tag das Geschäft gemieden, auf dem »Juden unerwünscht« stand / Ich bin schnell weggegangen, als ...),

aber so kann das nicht gemeint sein, weder Trauerzwangsarbeit kann in einem Tagtraumbild sich auflösen noch Vergangenheit bezwungen werden, man kann nur den Lebenden beweisen, daß nun alles anders sei, einen Schlußstrich dadurch ziehen, daß nichts an die Vergangenheit erinnert, und in solch einem Zusammenleben würde eines sich erübrigen: der unerfüllbare Wunsch, es sollte im Namen derer, unter denen keine Abstimmung durchzuführen ist, verziehen und vergessen werden

DOROTHEA ZEEMANN

An meine Landsleute

Ich rede pro domo. Wo ich bin, ist Österreich, eine andere Identität habe ich nicht. Eine ecrivaine autrichienne. Ich brauche keine Aufrufe, ich brauche mich auch nicht selbst zum Patriotismus zu ermahnen, ich objektiviere mich nicht mehr, längst nicht mehr. Rot und schwarz und Toleranz? Das zog ich lange durch. Wir brauchen neuen Wein in alte Schläuche. Das läßt sich nicht machen, ist nicht machbar, nur intensiv zu wünschen. Nur der Beschwörungseffekt! Aber wir haben jetzt statt Ideologien Verkehrsprobleme, kranken Wald und verdorbenes Wasser. Da sind Notlösungen notwendig. Zum Beispiel auch für die Arbeitslosigkeit. Was im Weg steht, ist das Habenwollen derer, die ohnehin schon haben. Da gibt es Abhängige und Unabhängige, Leute, die gerne gehorchen und deshalb keine Verantwortung tragen, und die anderen, die aus der Verantwortung das Recht folgern, sich zu bereichern. Leute, die den GLAUBEN brauchen, und andere, die ohne Glauben auskommen und einzig allein studieren, wie das Werkl läuft. Viele sind noch nicht satt. Was soll's, darüber wird man alt. Alter ist eine Banalität wie Jugend und Heimat.
Mein Vaterland ist immer noch das Land der Genießer, das Land der Phäaken. Meine Landsleute halten nichts davon, sich abzurackern, auch wenn das Häuslbauen immer mehr in Mode kommt. Mode kennt keine Landesgrenzen. Wir haben einen sehr schönen Platz auf dem Globus, der Kampf, ihn uns zu erhalten, schafft Meinungsverschiedenheiten, die uns vor Langeweile bewahren, weil es nicht nur um die Sache geht, sondern um Geschäft und Wichtigtuerei. Repräsentation und Fahnen haben sich überlebt wie

Ideologie. Kirchen aller Sorten auch. Nach jedem Experiment siegt wieder das Alte, darin liegt Österreichs Ewigkeit, da bin ich getrost.
Sozialismus als Chancengleichheit, als Recht auf Umverteilung nahm dem Reichtum den Glanz und der Armut die Poesie — Berg, Strom und Wald gerieten in den Produktionsprozeß, und Heimat wurde Besitz.
Als ich auf die Welt kam, in Wien war das, gab es noch einen Kaiser, ein Reich, ein Vaterland, wenig Autos, den Sigmund Freud, den Karl Kraus und noch keinen Krieg, auch keine Vorstellung von großem Krieg. Da war der Krieg eine romantische Vision in großen Worten, und Intellektuelle wie Musil und Friedell meldeten sich als Freiwillige, und alle Menschen tanzten vor Abenteuerlust auf der Straße, wenn sie bei der Musterung als tauglich angenommen wurden.
Für die Heimat in die Schranken!
Ich las Musil, Kafka, sogar Grillparzer, auch Goethe und Proust und wollte ein Weltbürger sein. Im aufkommenden Nationalsozialismus hielt ich Patriotismus für eine Zumutung emotionaler Primitiver und war stolz auf den Schimpf der ›Volksgenossen‹. Man nannte mich eine ›heimatlose Intellektuelle‹, und das war es auch, was ich sein wollte: international.
Allerdings hat der Traum einer grenzenlosen Solidarität mit den Erniedrigten und Beleidigten an Tugend eingebüßt. Denn es wurde die Interessengemeinschaft der Klassen zu Gewerkschaften, eher ernüchternd, wenn auch denkbar und erstrebenswert: der Klassenkampf.
Wo bleibt dabei die Poesie, der ästhetische Anspruch? Die Verlogenheit des kirchlichen Brimboriums und der Gang der Staatsoberhäupter über rote Teppiche entlang der wehrhaften Jugend fällt flach, und an das Schwenken der roten Fahnen am 1. Mai glaubt auch keiner mehr. In Österreich ist das Künstlerische das Skeptische. Die Skep-

sis ist unentbehrlich für jede denkbare Entwicklung eines ästhetischen Anspruchs. Es bleibt uns nichts, als an unsere Möglichkeiten zu glauben und zu hoffen, daß es dort und da wieder zu keimen anfängt. Neue Form, neue Formen kann man nicht forcieren. Parlamentsbeschlüsse helfen da nicht. Da hilft tatsächlich nur das Gießkannenprinzip der Finanzhilfen, der Subventionierung mit all dem darin eingeschlossenen Risiko des Mißbrauchs. Damit ein paar gute Denker nachdenken können, die Künstler Ideen haben, brauchen sie wie eh und je den Mäzen.

Ich rede von den Wegen meiner Erkenntnis, weil ich ein Austriacum bin, ohne daß mir mein Österreichtum früh bewußt war, sondern weil meine Herkunft und Prägung so sehr österreichisch in der Fremde wirkt. Bis an die alte österreichische Militärgrenze im Osten gehen Vaters Vorfahren zurück. Er selbst wuchs in Orsowa auf, das ist an der serbisch-rumänisch-ungarischen Grenze. Seine Eltern — meine Großeltern — redeten deutsch. Sie redeten deutsch, fluchten serbisch, liebten böhmisch und waren so österreichisch wie Karl Kraus, der mit seiner scharfen Kritik in Deutschland schon nicht mehr verstanden wird. Er, der Intellektuelle, machte Heimatliteratur, Heimatdichtung. Denn er ist in seiner Art nicht übersetzbar.

Die Menschheit ist abstrakt. Landsleute sind konkret. Der Mensch ist mitnichten gut, er ist ein Egoist, und was ihn bändigt, ist das gemeinsame Interesse. Den Intellektuellen gehören die Ideen und der ›Idealismus‹ — im profanen und philosophischen Sinn. Er will geben, was er hat, aber es wird nie genommen, wie es gedacht ist.

Die Fahnen und die Parolen haben ausgedient. Die emotionale Verbundenheit reicht in keinerlei Transzendenz, ist kollektiver Egoismus, aus dem ja auch gesunde Zuneigung keimen kann.

Daß die Mafia bei uns nicht mit gekeilten Killern arbeitet, daß wir vielleicht keine Terroristen sind, ist vielleicht ethnische Eigenart — oder kommt es aus der langen Geschichte der Unterdrückung? Oder aus der Überalterung unserer Mitbürger? Wissenschaftlich Eigenschaften herauszuarbeiten, aus denen zum Beispiel tschechische Tükke oder polnische Schlamperei resultiert, ist bis jetzt nicht gelungen. Das sind gefährliche Gefühlsurteile wie der Haß und die Gier, die Gewalt produzieren.

Muß das sein? Ganz uralte Völker zeigen Verjüngung jeweils durch Angriffslust an. Was ist das Leben, dem man solche psychologischen Gesetze nachweisen will?

Ich frage mich, ich frage euch. Nicht überall sind Untertanen gleich geartet; zum Beispiel die Iren.

Korruption!!! Weltweit verbreitet. Untypisch! Überall von Übel!

Die Werte sind nicht haltbar. Wo sie proklamiert werden, scheinen sie zynisch; am peinlichsten in der Kirche. Sind narkotisierte Gläubige mißbrauchte Gläubige. Wenn man ihnen Sicherheit in Gott verspricht, sind sie glücklich. Soll man ihnen Illusionen rauben? Gibt es frommen Betrug?

Ich weiß ehrlich nicht, was ich davon halte. Ich will ja niemandem die Krücken wegschlagen.

Demokratie ist das einzig Mögliche. Besseres wissen wir nicht. Die Kunst des Möglichen ist, sich jeweils zur Wirklichkeit einzupendeln. Ich bekenne mich zum Risiko, diejenigen anzuerkennen, die gerade durch Wahl ihre Chance haben.

Nur keinen Zwang, nur keine Konsequenz, nur keine Ordnung. Musil sagte: Wenn ich das Wort Ordnung höre, fällt mir Totschlag ein. — Jede strikte Konsequenz ist tödlich. Absolut.

Ich wüßte nicht, was ich vermitteln, woran ich mich orientieren soll. Die einzige Maxime, an der ich festhalte, ist die: Was du nicht willst, daß man dir tu, das füg auch keinem andern zu. Auch das wechselt. Ich war nicht anfällig für den Nationalsozialismus, soviel Reichtum hätte mir Hitler gar nicht versprechen können, daß ich seine Visage ertragen hätte. Was mich an ihm quälte, war die offenbar zeitgenössische Brutalität, und die holte mich ja schließlich auch ein.

Ich erlebte die österreichischen Schergen in Lemberg. Der oberste SS war ein k.u.k. Aristokrat, und es ging snobistisch sittsam zu, um die fürchterlichsten Schandtaten zu decken, trotz des Geruchs nach verbranntem Fleisch und verbrannten Knochen. Es war wie ein k.k.-Reservat, und ich habe es in meinen Erinnerungen beschrieben. Es ist nachzulesen, wie so vieles nachzulesen ist, aber der Österreicher leidet nicht gern — er liest auch nicht gern.

Auf pfäffische Tradition, auf kirchliche Inszenierung, die das Flair einer Zeitentiefe hat, falle ich wie die meisten Österreicher gerne herein, auf militärische überhaupt nicht und auf Parteiaufmärsche schon gar nicht.

Ich beichte und bekenne euch Landsleuten, daß ich mich nie von Schlagwörtern vergattern ließ; ich hoffe wenigstens. Ich ging ohne Erlaubnis meiner roten Mutter in den deutschen Turnverein, weil es dort weniger Tuberkulose und Rachitis gab. Was ich auf den Tod nicht ausstehen konnte, waren krumme Beine. Heute haben die nicht einmal mehr die Fußballer. Alles im steten Wechsel, auch das Bild der hilflosen Arbeiter. Sie haben viel gelernt und wissen auch ihre Tüchtigkeit einzusetzen. Aber auf dem Gebiet der Lohnkämpfe sind sie vielleicht nicht gerissen genug. Da komme ich dorthin, wo meine Vorurteile verblassen, wo ich die Moral der Zweckfreiheit, der ich mein Leben lang gehuldigt habe, die Moral der Selbstlosigkeit in Frage stelle. Die Genugtuung verläßt mich, ein besserer Mensch zu sein, weil ich mich hereinlegen ließ. Ich bin auf mich selber hereingefallen, weil ich stets gefällig war, andere zu Dank verpflichtet habe und Feindschaften nicht riskierte. Das war falsch im Sinne von

Unaufrichtigkeit oder böhmisch im Sinn von Untertanengeist und schwejkscher Tücke; und das ist österreichisch.
Viele Traditionen gewohnter Eigenschaften — da reicht bis jetzt keine Biologie, keine Psychologie, keine Wissenschaft aus, um zu definieren oder gar zu manipulieren. Man kann den Juden objektiv nicht feststellen und den Deutschen auch nicht. Der Antisemitismus ist auch nur jeweils praktisch, d.h. gruppenegoistisch zu definieren. Physiognomik und Sympathie entscheiden primitiv neben dem Vor- oder Nachteil eines Verständnisses. Er ist eine Tatsache, die deshalb schrecklich ist, weil sie in Verfolgung und Genozid ausartet.
Wie wird man mit der Primitivität fertig, die wohl auch dem Intellektuellen anhaftet wie die Eierschalen seiner jeweiligen Herkunft und die Prägung durch früheste Eindrücke? Ist der Intellektuelle bürgerlich, reagiert er ästhetisch. Ich bin aus ambitioniertem Kleinbürgertum, Fackel-Abonnenten, und reagiere auch ästhetisch. Da es schöne Juden in meiner Jugend gab, die scharf und kritisch dachten, amüsierten sie mich mehr als die anders schönen deutschen Turner, und weil ich viel las, galt ich als verjudet und hatte im Dritten Reich einige üble Erlebnisse.
Ich habe es ausführlich erzählt — suhrkamp tb 565.
Ich bin bald achtzig Jahre alt und wage Ratschläge an mein Volk: Handelt angepaßt, riskiert nichts, aber denkt frei nach eigener Façon. Es wirkt der Gedanke stärker als seine polemische Formulierung.
Ich weiß, daß viele so leben, und das macht sie zwielichtig und für deutsche Staatsbürger unerträglich, so wie unsereinem die deutsche ›Charakterfestigkeit‹, die sich jeder, aber auch jeder Wende überzeugt anpaßt, schwer auf die Nerven geht.
Meine jüdischen Freunde stellten nach kurzer Haft, in der

sie Gelegenheit hatten, SA und SS sozusagen näher kennenzulernen, fest: Die Opportunisten sind humaner und erträglicher als die Gläubigen. In Österreich gibt es auf allen Linien nur wenig strikte Anhänger, Leute, die unbeugsam recht haben — auf wie lange Zeit immer. Ich, meine Landsleute und Zeitgenossen, bin für Gewaltlosigkeit und daher für Zwielicht und Ambiguität, für das Offenhalten der Rückzüge. Man muß nur wissen, wie man die Rückzüge zu empfinden und zu servieren hat. Alte Fehler leugnen, wenn sie erkannt sind, wäre schlichtweg dumm und ineffektiv.

In der Einsicht sehe ich eine gute österreichische Eigenschaft. Wir alle wissen seit dem populären Philosophen Sloterdijk, daß die Moral nur zynisch sein kann, denn was sie verlangt, leisten nur ganz seltene heiligmäßige Exemplare, und auch bei denen fehlt es bei allem Opfermut an den tatsächlich achtbaren Motiven. Eitel ist noch der Heilige, sagt Nietzsches Zarathustra.

Verbrecher und Wahnsinnige, Genies und überdimensionale Gehirne haben ihre Neurosen. Wer hat sie nicht?

Wie lebt man richtig? Man kann das gar nicht, liebe Landsleute, man kann nur den Weg echt österreichischer Konzilianz gehen, und das ist nur möglich, wenn man nicht partout zu Geld und Macht tendiert.

Der normale, der typische Österreicher tut das nicht extrem. Er übernimmt ungern Verantwortung. Lehrer und Erzieher, die das tun müssen, versuchen ihre Grenzen dabei zu erkennen. Politiker stürzen uns ins Unglück, wenn sie das nicht zusammenbringen: den Verzicht. Verzicht endlich auch auf große Worte, auf runde Parolen, auf Schlagwörter und Schlagzeilen. Das sind Vorschläge, die von denen gut verstanden werden, die im Dunkeln leben. Für die Leute an den Redepulten sind solche Vorschläge indiskutabel, sie leben vom Schwefel und vom Nebel. Vor allem von Illusionen und Gaukeleien.

Aber immer kommt wieder die Stunde der Wahrheit, der Kriege, die immer gefährlicher werden, und Schillers Parole: Setzet Ihr nicht das Leben ein, nie wird Euch das Leben gewonnen sein, zu dem machen, was sie ist: eine Metapher. Denn nicht das im Blut erstickende Krepieren meint sie, sondern die Läuterung durch die Fähigkeit, starre Standpunkte zu verlassen.
Österreicher sind jeweils dazu imstande — die Doppelzüngigen, ich segne sie.
Die Menschheit und das Volk sind abstrakt. Die Landschaft und die Landsleute sind konkret. Alles, was lebt und JETZT ist, ist konkret. Abstrakt ist das Gedachte. Priester und Gelehrte leben vom Abstrakten. Aber das Abstrakte bestimmt in etwa auch das Konkrete. Unsere Abhängigkeit von der Technik und ihren Funktionen beruht auf Abstraktem, das sich wieder umsetzen ließ und uns in unseren Gefühlen unsicher macht.
»Ich möchte leben wie das gewöhnliche Volk, weil ich fühlen muß wie das gewöhnliche Volk. Ich weiß aber, daß es wissenschaftlich falsch ist«, sagt Lichtenberg schon vor Jahrhunderten.
Ich frage mich, ob uns das zum Dilemma werden soll. Wir alle nicht mehr in den Händen von Politikern? Wir alle den Wissenschaftlern ausgeliefert?
Führende Wissenschaftler stehen nicht zur Wahl, nicht zur demokratischen, da gilt eine esoterische Internationalität, die uns kein Medium zugänglich machen kann. Wenn es da eine Mafia gibt, wird sie erst, wenn überhaupt, zu spät durchschaubar.
Gefühlsbetonte Kraftwerke in patriotischem Wettbewerb und Grenzschutz sind absurd. Hausgemachte Strahlung macht sogar die Sowjetunion durchsichtig.
Wenn wir unsere Anklagen auf die Diskrepanz zwischen Sollen und Tun beschränken und auf den Verlust der Werte, locken wir immer weniger Naive dazu, ihre Interessen

als die unseren zu sehen: nämlich Frieden und Wohlstand.

Eingeschlagene Wege müssen gegangen werden, und die Massenvernichtung zu stoppen, erweist sich als dringendste Aufgabe für den Zwang, dem die Forschung unterliegt. Nicht das soziale Wohl, sondern die Genforschung, die künstliche Geburt, künstliche Erzeugung von Leben stehen auf dem Programm. Das zwanghafte Streben geht gar nicht so sehr der Vernichtung, nicht einmal der Herrschaft nach, wie vielfach gerätselt wird, sondern der gefährlichen Neugierde auf unbegangene Pfade dorthin, wo es noch Rätsel gibt.

Die wenigsten unserer Landsleute teilen diese Neugier. Viele möchten um einigen bequemen Reichtums willen auf diese kostspieligen Experimente ebenso gern verzichten wie auf die Rüstung, ja sogar auf die Grenzverteidigung.

Wie da die Gelder fließen, wird durch keine politische Wahl entschieden, vielleicht aber durch die politische Wahl manipuliert.

Dieser Appell weiß keinen Rat. Wenn irgend etwas ausgesagt ist, soll es die Bitte sein, sich zu unterrichten, sich nicht führen zu lassen und nicht ohne Einsichten die kleine eigene Stimme zu verschleudern.

Ich selbst wähle jeweils taktisch und bete vorher, aber nicht als Mitglied einer Kirche, obwohl ich schöne alte Gotteshäuser liebe.

Als Opfer meiner Herkunft und Prägung, wie wir alle, hat mich der weite Weg der Lebenserfahrung ins Offene entlassen. Aber die Wurzeln hängen im alten großen vielfältigen Reich und ziehen ihre Nahrung aus vielen Völkern, die damals Untertanen einer Einheit waren.

Liebe und/oder Sentimentalität, Brutwärme mehr als Sympathie — und der Witz, vor allem der jüdische, das Doppelbödige halten mich geborgen. Es ist so schön, mit

geschwätzigen achtzig seine Aussagen zu machen und das sein zu wollen, was man ist.
Ich danke euch, meine Zuhörer.

Die Autoren

REINHOLD BRANDL, geboren 1960 in Steyr. 1978—1984 Studium der Anglistik, Amerikanistik und Germanistik in Wien. Lebt in Wien. Veröffentlichungen in verschiedenen Zeitschriften, Rezensionen in »Literatur und Kritik«.

ERWIN EINZINGER, geboren 1953 in Kirchdorf, Oberösterreich. Studium der Anglistik und Germanistik. Lehrer am Bundesrealgymnasium Kirchdorf. Lebt in Micheldorf, Oberösterreich. Im Residenz Verlag erschienen: »Das Erschrecken über die Stille, in der die Wirklichkeit weitermachte«, 1983; »Kopfschmuck für Mansfield«, 1985, und »Tiere, Wolken, Rache«, 1986.

HELMUT EISENDLE, geboren 1939 in Graz, lebt in Wien. Im Residenz Verlag erschienen u. a.: »Das Verbot ist der Motor der Lust«, 1980; »Der Narr auf dem Hügel«, 1981, und »Die Frau an der Grenze«, 1984.

BARBARA FRISCHMUTH, geboren 1941 in Altaussee, Steiermark, lebt in Wien. Im Residenz Verlag erschienen zuletzt: »Amoralische Kinderklapper«, 1985; »Herrin der Tiere«, 1986, und »Über die Verhältnisse«, 1987.

REINHARD P. GRUBER, geboren 1947 in Fohnsdorf, Steiermark, lebt in Stainz, Steiermark. Im Residenz Verlag erschienen: »Aus dem Leben Hödlmosers. Ein steirischer Roman mit Regie«, 1973, und »Im Namen des Vaters«, 1979.

JOSEF HASLINGER, geboren 1955 in Zwettl, Niederösterreich. Studium der Philosophie, Theaterwissenschaften und Germanistik. Lebt in Wien. Mitherausgeber der Literaturzeitschrift »Wespennest«. Zuletzt erschien: »Politik der Gefühle«, 1987.

PETER HENISCH, geboren 1943 in Wien. Studium der Philosophie. Lebt seit 1970 als freier Schriftsteller in Wien. Im Residenz Verlag erschienen: »Pepi Prohaska Prophet«, 1986; »Die kleine Figur meines Vaters«, 1987, und »Steins Paranoia«, 1988.

MARIE-THÉRÈSE KERSCHBAUMER, geboren 1936 in Garches bei Paris, lebt seit 1957 in Wien. Studium der Romanistik und Germanistik in Wien. Freie Autorin und Übersetzerin. Publikationen u. a.: »Gedichte«, 1970; »Der weibliche Name des Widerstands«, 1980, und »Schwestern«, 1982; außerdem Hörspiele, TV-Spiele und Essays.

INGE MERKEL, geboren 1922 in Wien, wo sie auch heute lebt. Studium der Germanistik und Geschichte, von 1974 bis 1984 im Schuldienst. Im Residenz Verlag erschienen zuletzt: »Die letzte Posaune«, 1985, und »Eine ganz gewöhnliche Ehe. Odysseus und Penelope«, 1987.

ERNST NOWAK, geboren 1944 in Wien, wo er auch heute lebt. Im Residenz Verlag erschienen u. a.: »Kopflicht«, 1974; »Das Versteck«, 1978, und »Addio, Kafka«, 1987.

FRANZ RIEGER, geboren 1923 in Riedau, Oberösterreich, lebt in Oftering, Oberösterreich. Zuletzt erschienen: »Vierfrauenhaus«, 1981; »Schattenschweigen oder Hartheim«, 1985, und »Internat in L.«, 1986; außerdem Hörspiele und Erzählungen in Anthologien und Zeitschriften.

JUTTA SCHUTTING, geboren 1937 in Amstetten, Niederösterreich, lebt in Wien. Im Residenz Verlag erschienen zuletzt: »Das Herz eines Löwen«, 1985; »Hundegeschichte«, 1986, und »Traumreden«, 1987.

DOROTHEA ZEEMANN, geboren 1909 in Wien, wo sie als Schriftstellerin lebt. 1970—1972 Generalsekretärin des PEN. Publikationen u. a.: »Das Rapportbuch«, 1959; »Einübung in Katastrophen«, 1979; »Jungfrau und Reptil«, 1982, und »Eine unsympathische Frau«, 1983.

Inhalt